CAMPAGNES
DE BONAPARTE
A MALTE, EN EGYPTE ET EN SYRIE,

Par Jean-Baptiste LATTIL, *de Riez ; ex-Officier de Santé de l'Armée d'Orient.*

A MARSEILLE,
Chez ROCHEBRUN, Imprimeur, rue de la 1re. Calade, n°. 55.

FLORÉAL, AN X.

INTRODUCTION.

L'Armement précipité de l'Escadre de Toulon ; l'arrivée des Troupes victorieuses de l'Italie et de la Suisse, sur les bords de la Méditerranée ; le rassemblement des Artistes et des Savans, dans le Midi, et la préférence que le Gouvernement donna à Bonaparte pour une expédition aussi secrète, m'invitèrent à rédiger les événemens les plus remarquables de cette Campagne.

Dans la suite, mes vues s'étendirent beaucoup plus loin. La conquête de Malte et de l'Égypte me présentant des contrées très-peu connues, et sur la description desquelles les voyageurs ne s'accordent point, j'ai essayé de dissiper les épais nuages qui nous voilaient tant de mystères.

Je parlerai de l'Égypte et de son étendue, de son climat et de sa fécondité ; et, après avoir décrit ses villes, fait connaître ses

Habitans, leur Religion, leurs Mœurs et leurs Maladies, je ferai l'histoire exacte de ses anciens Monumens. Ce n'a été qu'en débrouillant le cahos des anciens écrits et par des observations extrêmement réfléchies, aux pieds des Temples, que j'ai pu m'éclairer sur ce grand doute.

La Campagne de Syrie m'a fourni les matériaux nécessaires pour la chorographie de nouvelles Provinces, pour faire connaître le théâtre où les guerres les plus meurtrières ont détruit tant de Peuples différens.

J'ai constamment suivi la masse de l'Armée jusqu'à l'évacuation du Caire par le Général de Division, Belliard : je puis conséquemment être l'historien fidèle de ses batailles et de ses exploits.

La nature des lieux et du sujet rendait trop ennuyeux et arides certains endroits de mon Journal. J'ai appelé à mon secours les charmes de la Mythologie ; j'y ai parsemé quelques notes historiques. En un mot, je n'ai rien omis d'intéressant, et soigneusement évité les anachronismes.

Si mon onvrage n'est pas couronné par le style ravissant des Volney, des Savary et des Voltaire, il aura, du moins, le mérite de rectifier les erreurs où sont tombés, faute d'avoir vu par eux-mêmes, les Écrivains les plus distingués.

ÉTAT des Vaisseaux de Ligne, Frégates e Bâtimens armés composant l'Escadre aux ordres de l'Amiral Bruyès.

VAISSEAUX.

L'Orient, de 120 canons.
Le Guillaume Tell, de 80.
Le Tonnant, *idem.*
Le Franklin, »
Le Spartiate, de 74.
Le Timoléon, »
Le Guerrier, »
Le Peuple Souverain, »
L'Heureux, »
Le Généreux, »
Le Mercure, »
L'Aquilon, »
Le Conquérant, »
Le Dubois, pour le convoi.
Le Causse, serv. d'hospice.

BRIKS ET AVISOS.

Le Cornichon, de 16 can.
La Fortune »
Le Lody, »
Le Corcyre, »

FRÉGATES.

La Diane, de 40 can
La Justice, »
La Junon, »
L'Arthémise, »
L'Alceste, »
La Sérieuse, »
La Badine, »
La Muiron, »
La Carrère, »
La Léoben, »
La Mantoue, »
La Montenotte, »
La Sensible, »

Chaloupes et Tartan canonnières. . . . 1

Bâtimens de transport 2c

CAMPAGNES DE BONAPARTE

A MALTE, EN ÉGYPTE ET EN SYRIE.

L'ESCADRE, aux ordres de l'Amiral Bruyès, appareilla du port de Toulon, le 30 Floréal, an 6.

Le Convoi se trouva réuni, le 3 Prairial, à l'est de l'île de Corse. Tous les Bâtimens de Guerre et de Transport, rangés en ligne de bataille, furent reconnus tour à tour par BONAPARTE Je le vis passer à la galerie de l'Orient, avec ce maintien et cet aspect qui font aisément discerner l'homme de génie. Une musique guerrière frappait les échos d'alentour ; l'Armée chantait déjà ses victoires, et la Voûte Céleste fut ébranlée par nos acclamations.

Le 6, nous doublâmes les bouches de Bonifacio. Un vent frais gonflait nos voiles ; et si les ondes de la mer se balançaient toujours avec d'aussi agréables secousses, les traversées du

Levant et des Indes ne seraient plus qu'une partie de plaisir.

L'Escadre vira de bord vers le Cap sud de l'île de la Sardaigne pour attendre 30 bâtimens de transport sortis d'Ajaccio.

Le 19 Prairial, l'Amiral Bruyès fit le signal de forcer de voiles pour Malte, et de se préparer au débarquement. L'Armée en poussa des cris de joie. Chacun jura de vaincre ou de mourir fidèle, et le Dieu de la guerre reçut nos vœux et nos sermens.

La fraîcheur d'une belle nuit d'Été m'invita à me promener sur le pont. J'apperçus, avant le lever du Soleil, une lueur vacillante au milieu d'une grande fumée. Je crus d'abord que c'était Cérès cherchant encore sa chère Proserpine ; mais la noire vapeur qui s'élevait de cette montagne, me rappela bientôt que c'était le palais du noir Vulcain et le séjour des infatigables Cyclopes.

Le 21, l'Armée n'était séparée de Malte que par l'île de Gozo. L'Escadre reçut 70 Voiles, chargées de troupes parties de Civita-Vecchia. Elle fit plusieurs évolutions pour se porter devant la rade et la Ville.

Le Contre-Amiral Decrés fut envoyé en qualité de Parlementaire auprès du Grand-Maître.

La cour de la Grande Chevalerie n'entra point dans nos arrangemens. Elle fut d'abord aussi ferme dans ses réponses que nous étions résolus dans nos prétentions.

L'Escadre vira de bord, et s'approcha de la terre. Les signaux de nuit me firent éprouver des sensations que je ne puis rendre. Mille fusées, parties à la fois, du Vaisseau Amiral, perçaient les nuages et mettaient le ciel en feu. Le jeu varié de ceux qui répondaient aux signaux ; les fanaux hissés et suspendus, le réflet des vagues, faisaient, pendant l'obscurité de la nuit, l'effet des grandes réjouissances.

Bonaparte débarqua, le 22 prairial, à deux heures du matin, à la tête de 8000 hommes. Il n'éprouva d'autre résistance que la première décharge d'une poignée de Maltais. Nos braves les poursuivirent vigoureusement jusqu'aux faùxbourgs, en s'emparant de deux tours considérables.

La ville, les remparts et quelques redoutes tirèrent le canon, et bombardèrent toute la nuit. Les Chevaliers, pressés de tout coté, ne songèrent plus à faire des sorties.

Le 23, suspension d'armes pendant vingt-quatre heures. — Parlementaire Maltais. — Renvoi du parlementaire — Propres paroles de Bonaparte : « Si vous n'êtes rendus d'ici à » demain, deux heures après midi, je mets la » ville à feu et à sang ».

Le 24, Malte fut livrée aux Français. Le Grand-Maître et tous les Chevaliers reçurent l'ordre de se retirer, sous trois jours, dans le lieu de leur naissance. Plusieurs s'enrôlèrent dans l'Armée et d'autres furent employés dans les Administrations.

La rade de Malthe ne peut donner passage qu'à un seul vaisseau. Les forts qui l'environnent couleraient les escadres de toutes les Puissances réunies. La citadelle, hérissée de 4 rangées de batteries, rend la ville imprenable, et présente un amphithéâtre si imposant, que l'homme le plus intrépide ne pourrait la fixer sans émotion. La ville est encore défendue par la nature, et l'art a surpassé les travaux de son maître. Les remparts inaccessibles, les tours et les autres fortifications excitèrent l'étonnement des Français. Les ouvrages sont si entassés et si multipliés qu'on peut dire que Malte est une monstruosité en fortifications.

Nous ne trouvâmes que deux vaisseaux de 74, trois frégates et deux galères.

La ville est une des mieux bâties et des plus propres qui existent. La maison du Grand-Maître est le chef-d'œuvre de l'ingénieur. L'église de Saint-Jean n'inspire pas moins de respect par ses richesses que par la représentation des Saints. Le sexe y est affable et de bonne société. Les bals s'y succédèrent pendant les cinq jours que l'Armée y séjourna.

Quel coup-d'œil présente le point de l'île le plus éminent. Une plaine immense se balance dans le lointain ; les flots de la mer s'élèvent avec impétuosité, et retombent dans l'abîme ; les rochers qui vous environnent, repoussent, avec un bruit terrible, les dernières secousses de l'onde. Alors l'illusion s'empare des sens ; un mouvement de l'ame (singulier phénomène de sympathie) entraîne vers les eaux. On se débat sans force ; on s'agite sans vigueur, et l'on sort, comme par enchantement, de cette léthargie. Qu'a donc d'impénétrable l'empire de Neptune ? Et quel est le génie puissant qui le fait agir sur la volonté ?

Du 30 Prairial.

Salut et plaisir à la 80ᵉ Demi-Brigade, gardienne fidèle de l'île conquise et des charmantes Maltaises !

L'Armée entière se trouva rassemblée pour la seconde fois sur la plaine liquide. Le souffle du septentrion faisait ondoyer les eaux, et nous fûmes rendus, le douzième jour, devant Alexandrie.

Jamais on n'éprouva de plus belle traversée. Il est constant que Bonaparte jouit du même bonheur que César. Nous pouvons lui appliquer ce que Cicéron disait à ce grand capitaine : « vous, êtes donc le seul invincible, » puisque vous avez vaincu la victoire même » avec la force et l'avantage qui l'environnent

» et l'accompagnent? *Recte igitur unus invictus* » *es, à quo etiàm ipsius victoriæ conditio vis-* » *que devicta est* » ?

Tous les bâtimens reçurent, en mer, une proclamation qui ordonnait le respect aux personnes, aux propriétés, et défendait de troubler l'existence des animaux, tant terrestres que célestes (1).

En approchant d'Alexandrie, je fus livré à mille souvenirs délicieux; je me rappelai la réception brillante que Cléopâtre fit à Catulle, lorsqu'il lui fut envoyé par César. L'émotion qu'éprouva ce député, à la vue de tant de palais et de beaux monumens, dut redoubler aux attraits éblouissans de cette Reine.

Je rêvais sur le trône de Cléopâtre, sur ce trône où Mars et Vénus présidèrent tour à tour; sur les escadres avec des voiles de pourpre, sur les pierres précieuses, le marbre, le granit et le porphire; je me représentais les jardins si vantés d'Alexandrie. Mais, en

---

(1) Bonaparte n'ignorait pas, en faisant cette proclamation, que les Alexandrins se révoltèrent contre les troupes de Gabinius à cause de la mort d'un chat. Leur fureur s'alluma si vivement contre le malheureux auteur de ce meurtre, qu'ils le mirent en pièces. *Diod. Sicil. Liv.* 1, *pag.* 74.

Les anciens Egyptiens adoraient le chat; ils le choisirent pour symbole de la lune, comme l'animal qui voit dans les ténèbres.

entrant dans le port, je fus frappé par des décombres, par des déserts, et dans le lointain, par une énorme masse cylindrique, qui semblait suspendue dans les airs.

C'était la colonne de Pompée. Voilà donc, me dis-je, les ruines presqu'imperceptibles de de la ville qui fut bâtie par Alexandre. Voilà cette fameuse Alexandrie, qui remplaça Memphis, qui fut embellie par ses débris, qui devint la demeure des Souverains d'Egypte, et une des plus belles villes du monde.

Cette grande cité n'existe plus.

La nouvelle Alexandrie s'apperçoit un peu derrière l'île de Pharos. Elle est située entre le grand port et le port Eunoste. Le premier, presqu'inabordable, forme, à l'orient, un grand bassin qui reçoit les flots accumulés de la mer. Son ouverture évasée présente, vers l'occident, ce beau phare (bâti par Ptolémée-Philadelphe) qui a passé pour une des sept merveilles du monde. On découvre, à l'orient, le petit pharillon. C'est sur le phare qu'un grand miroir réfléchissait les vaisseaux qui s'approchaient d'Alexandrie. On apperçoit à travers les eaux, lorsque la mer est calme, des colonnes de marbre, de grands débris de pilastres, des statues gigantesques. Savary est trop exagéré quand il nous représente *des montagnes de ruines entassées les unes sur les autres.*

Les bains de Cléopâtre sont situés au fond

du grand port et refraîchis par ses eaux presque toujours agitées. Le bruit des vagues et des vents y forme des cris plaintifs et des sons entrecoupés. En approchant de ces tristes lieux, jadis vivifiés par les charmes de Cléopâtre, on croirait entendre les mânes de tant de héros gémir encore dans le rocher solitaire où elle sacrifiait à Vénus.

Les lambeaux de tous ces monumens font connaître combien l'ancienne Alexandrie devait être étendue. La colonne de Pompée se trouve à plus de 600 toises au midi du grand port. Des deux aiguilles de Cléopâtre, le temps n'en a conservé qu'une, à sa partie orientale.

Les citernes nombreuses, qui abreuvent, toute l'annee, les habitans d'Alexandrie, furent construites par le célèbre architecte Dinocratès. Elles furent bâties avec ces proportions et cette solidité qui bravent le laps du temps.

Le canal d'Alexandrie prend naissance à Rhamanieh, reçoit les eaux de la branche de Rosette, et remplit les citernes à chaque débordement du Nil. Il est à sec plus de la moitié de l'année. Les campagnes désertes qu'il traverse furent long-temps fecondes, et firent les délices du peuple Egyptien.

Le lac Maréotis est à 2000 toises au midi de la ville. Les vents y amoncèlent sans cesse des tas de sable, et son lit sera bientôt comblé.

Lorsque l'Egypte était dans la splendeur ; lorsque cette nation protégeait les Sciences et les Arts, ce lac établissait, par différens canaux, un commerce non interrompu avec le Delta ; les deux Thébaïdes, et les Alexandrins vivaient parfaitement heureux.

La description des anciens Monumens d'Alexandrie fait trouver ici sa place à celui qui fut le dépôt des Lettres.

Après la mort d'Alexandre, le premier des Ptolémées composa la vie de ce grand homme. Il fonda, dans sa Capitale, une Académie de Savans. C'est à cette époque qu'on jeta les fondemens de la Bibliothèque.

Ptolémée-Philadelphe se procura de nouveaux volumes. Nous lui sommes redevables de la traduction grecque de l'Ancien-Testament.

Ptolémee-Evergète chargea différens savans d'enrichir cette Bibliothèque. Les écrits de Phiscon, fils de Ptolomée d'Ephipanes, augmentèrent le nombre des excellens ouvrages qu'elle contenait. Antoine fit les derniers efforts pour ce Monument littéraire. Les deux cent mille volumes qu'il y ajouta ne remplacèrent pas ceux que détruisit le funeste incendie de César.

Octavien César, le vainqueur d'Antoine et de Cléopâtre, continua la démolition de l'édifice. Il fit porter à Rome les plus belles statues d'Alexandrie, dégrada ses temples; et la fameuse Bibliothèque, l'ouvrage de tant de Rois, le sanctuaire des Sciences, fut enfin profanée et détruite par les mains sacrilèges du féroce Omar.

La colonne de Pompée, le Monument le plus solide de l'antiquité, retracera toujours aux avides voyageurs, qu'Alexandrie fut le berceau des Sciences et la source féconde des hommes de génie. La nouvelle ville s'incline, avec humiliation, devant les restes admirables de nos ancêtres.

Dix mille Français, débarqués, le 14 messidor, se portèrent sous ses murs chancelans, et la prirent d'assaut. Le général Kléber, atteint d'une balle au crâne, tomba au pied de la colonne de Pompée. Sa blessure ne fut pas dangereuse. Nous eûmes 200 hommes hors de combat.

Bonaparte composa son Grand-Quartier-Général de 600 hommes, tant d'infanterie que de cavalerie. Le général Berthier, son ami de cœur, fut nommé Chef de l'Etat-Major, et continua de partager ses travaux et ses périls.

L'Armée fut divisée en cinq parties :

Le Général Désaix commanda la 1.ere divis.

Le Général Reynier la 2.e

Le Général Bon la 3.e

Le-

Le Général Lasnes la 4.e

Le Général Dugua la 5.e

Elles avaient chacune 5000 hommes d'Infanterie, et étaient précédées par 50 Cavaliers.

La Division Désaix partit le même jour en avant-garde, et l'Armée s'éloigna d'une ville pestiférée, de 15000 ames de population, et peu portée pour les vainqueurs.

Dix mille hommes de Cavalerie et douze cents d'Infanterie devaient être les premiers ennemis que nous avions à combattre. J'étais assuré des succès de l'Armée Française par la force des armes ; mais il était à craindre que le soldat, brisé par les guerres, ne pût supporter les fatigues d'un nouveau climat.

Les Mameluks composaient la Cavalerie ennemie. Ils tenaient les rênes de la haute et de la basse Egypte. Deux chefs principaux, Hybrahim-Bek et Mourat-Bek, commandaient le Grand-Caire et la force armée. Les autres Becks ou Commandans de Provinces, au nombre de vingt-deux, étaient à la tête des Régimens.

Les Mamelucks ont été arrachés du Mont-Caucase. Ils furent élevés par les Turkmans dans les principes de l'Art Militaire. Depuis qu'au nom des Turkmans ils s'emparèrent de l'Egypte, les destinées des Egyptiens dépendirent de leurs caprices pendant plus de deux siècles. Continuellement rebelles aux ordres du Grand-Turc, ils transgressaient, à force ouverte, les Lois de Mahomet.

La Sublime Porte avait souvent entrepris de les soumettre. Le sol de l'Egypte, long temps sillonné par les deux implacables ennemis, devint le théâtre de l'horreur et de la guerre. Le massacre et le carnage changèrent souvent les eaux du Nil en fleuve de sang. Vingt armées Mahométanes avaient resté sur le champ de bataille, lorsque le Sultan Salim les obligea de se prosterner à ses pieds. Ils n'en conservèrent pas moins, quoique vaincus, les places éminentes du Gouvernement, jusqu'au moment où Ali-Bek les subjugua. Mohammad, son gendre lui succéda par trahison; il fit la paix avec le Grand-Seigneur, et ne régna qu'une année. Le jeune Mourat-Bek, le même que nous avons combattu, fut son successeur, et partagea avec Hybrahim-Bek la puissance de l'Egypte.

Les autres ennemis qui nous firent la guerre dès le principe, sont connus sous le nom de *Bédouins* ou Arabes errans. Ils vivent de pillage, et les crimes les plus atroces leur sont familiers. Montés sur des chevaux plus légers que le vent, ils tombent comme la foudre, et disparoissent comme l'éclair. Malheur au soldat Français qui quittait ses rangs, ou qui ne pouvait s'identifier aux Colonnes. Il payait bientôt de sa tête les quelques pas que l'imprudence lui faisait faire. Les Bédouins réunis pourraient gouverner l'Egypte ; mais les différentes tribus qu'ils composent, sont toujours désunies, et se font des guerres perpétuelles.

Cette digression était indispensable pour éviter cent répétitions fastidieuses et faciliter la marche de l'ouvrage.

Le 18 messidor, toutes les Divisions et le Grand-Quartier-Général se mirent en marche.

Le Général Kléber, commandant la Place d'Alexandrie, garda avec lui la 69.e Demi-Brigade de Ligne.

La Division Désaix était composée de la 21.e Demi-Brigade Légère, des 61.e et 88.e de Ligne.

La Division Reynier faisait l'Aile droite, et avait les 9.e et 85.e Demi-Brigades de Ligne, le 15.e Régiment de Dragons, le 22.e de Chasseurs et le 7.e de Hussards.

La Division Bon occupait le centre, et était formée de la 4.e Demi-Brigade Légère, des 18.e et 32.e de Ligne.

La Division Lasnes faisait l'Aile gauche, avec la 22. Demi-Brigade Légère, les 69.e et 13.e de Ligne.

Enfin la Division Dugua formait l'Arrière-Garde de la 2.e Demi-Brigade Légère, des 25.e et 75.e de Ligne, et du 18.e Régiment de Dragons.

Jamais Armée n'éprouva d'entrée en Campagne aussi dure et aussi funeste. Jamais les

Phalanges d'Annibal, poursuivant l'ennemi à travers les Alpes glacées ; jamais celles d'Alexandre, arrivées aux Colonnes d'Hercule, ne furent assaillies par tant de besoins, n'épouvèrent autant de fatigues, ni de privations.

Nous commençâmes par des doubles journées dans un climat calciné par les feux du soleil. Les plaines se fendaient : la terre s'entr'ouvrait sous nos pieds. Les hommes éperdus et les femmes mourantes sillonaient en vain une terre aride pour y chercher une fraîcheur salutaire.

Le 20 messidor, la Division Dugua cotoya le rivage de la Mer pour s'emparer d'Aboukir, à cinq lieues d'Alexandrie ; traversa le Canal de la Bouche Canopique, fit route sur l'Isthme qui se trouve entre la mer et le Lac Béhiré, et se rendit à Rosette, lieu de sa destination.

L'Armée marcha sur Damanhour, et après des souffrances incalculables, y arriva le 21. Nous y entrâmes sans résistance, malgré seize mille ames de population. Toutes les rues présentent de très-grands puits, et l'on y achète pour rien le pain et la volaille. Au sortir des tourmens les plus horribles, le soldat se délasse, se ranime, étanche la soif qui le dévore, plonge et replonge dans l'eau comme le poisson échappé des mains meurtrieres du pêcheur.

L'ennemi des Déserts bourdonnait sans cesse

aux environs. Le Général Mireur va l'attaquer, à la tête de quelques escadrons et reçoit le coup mortel.

Nous attendions de l'Escadre un convoi d'eau-de-vie. L'Armée apprit, avec la plus vive douleur, qu'il nous avait été enlevé, l'escorte massacree et mutilée par les moyens les plus destructeurs qu'ait inventés la barbarie. Il nous arriva quarante hommes d'infanterie que sauva leur intrépidité. Leur récit nous arracha des larmes de sang.

Du 22 au 24 Messidor.

L'Armée quitta Damanhour, et se porta vers le Nil : le Grand-Quartier-Général était à la tête.

Les Mameluks et les Bédouins, au nombre de deux mille, défendaient les approches du fleuve ; l'Avant-Garde les apperçut à dix heures du matin. La fusillade commença de part et d'autre ; l'ennemi, brusquement pressé, fut contraint à la retraite, et nous entrâmes à Rhamaniéh.

C'est un petit village sur les bords du Nil. Ses fortifications sont très-superficielles : le terrain annonce par-tout la fécondité. Les pastèques rafraîchissantes et les melons bien-faisans roulent sur les bords du fleuve comme les pierres dans les vallons. Ses jardins, quoique sans ombrage, étaient verds et riants.

Aussi loin que la vue puisse s'étendre vers l'occident, on apperçoit des vastes plaines couvertes de ces oignons si renommés et si regrettés par les enfans de Moïse.

Au moment de notre départ, le Général Dugua écrivit que Rosette s'était rendue sans résistance.

La Flotille qui se tenait à l'ancre, à l'embouchure du Nil, eut ordre de monter, afin qu'elle marchât de concert avec l'Armée, et qu'elle secondât ses opérations.

On nous annonça que les Mameluks de Mourat-Bek s'étaient retranchés près de notre avant-garde. Les espions se succédaient auprès de Bonaparte pour l'instruire de leurs mouvemens.

Bataille de Chebreïs.

Le 25 messidor, notre camp était assis, depuis minuit, en présence des Mameluks. Les deux Armées, en silence, se préparaient au combat. Nous nous attendions à la plus vigoureuse résistance. L'ennemi devait être rassuré par sa position, et sa belle Cavalerie enhardie par neuf batailles gagnées, au même endroit, sur le Grand-Turc.

Le bruit du canon se fait entendre au point du jour; c'était notre flotille qui commençait les hostilités. Elle fit un feu terrible, et se defendait contre les barques armées des Mameluks et des Arabes.

Bonaparte fit faire un mouvement à toutes les Divisions, et elles marchèrent en ordre de bataille.

Jamais, sous un ciel d'azur, dans une plaine vaste et unie, on ne vit de spectacle plus imposant que la contenance des deux Armées. Les rayons du soleil se multipliaient sur les armes des Français, et réfractaient, avec éclat, la soie, l'or, les diamans et les damas des Mameluks.

D'un autre côté, la Flotille Française, ébranlée par de trop violentes secousses, ne pouvait résister plus long-temps. Une nuée de boulets était échangée entre les deux petites escadres. Déjà nos voiles criblées, nos mâts fracassés rendaient la manœuvre difficile; Bonaparte se montra de plus près : les ennemis prirent la fuite au bruit de son tonnerre, et nous laissèrent maîtres de leur camp.

Le combat sur le fleuve couvrit de gloire le cit. Perret, chef de la Flotille; et immortalisa le citoyen Perrat, de Lyon, Officier de Santé de la Marine.

L'audace de ce dernier étonnera le lecteur.

Indigné de la désertion de l'Equipage de son Bord, il devient, à la fois, Capitaine et Canonnier, parcourt, d'un coup d'œil, tous les endroits de défense, examine les pièces, et commence le combat. Dans un instant toutes les batteries furent en feu; la mèche allumée voltigeait sur les amorces, et le canon, chargé jusqu'à la gueule, vomissait la mort dans les rangs ennemis. Courant, comme un forcené, de babord à tribord, et n'ayant pas quelquefois le temps d'ajuster, il se défendait seul contre tous. On vit faire à cette canonnière décharges sur décharges, qui la rendirent inabordable pendant l'action.

Le combat de terre se termina par l'excès de bravoure d'un Capitaine Mameluk. Né Français, il m'est doux de jeter quelques fleurs sur la tombe d'un ennemi mort en héros.

Il avait fait des vains efforts pour faire charger sa Cavalerie. Lâchement abandonné, il restait seul sur le champ de bataille. Nouveau Décius, il se décide alors à périr glorieusement. Il lâche la bride à son coursier fougueux, part comme l'éclair, et attaque notre armée de front. Trois dragons fuient devant lui. Son superbe damas vole dans les airs; il reçoit, il riposte; vingt coups de fusils le font rouler sur la poussière; il se relève dans les flots de son sang, resaisit son arme, retombe dans la même attitude, et meurt d'un air riant.

Cette journée mémorable imprima la terreur dans l'ame de nos ennemis. Nous leur prîmes dix pièces de canons. Le champ de bataille était jonché de leurs morts. Nous n'eûmes à regretter que deux barques coulées, et quelques malades impitoyablement assassinés.

Nous traversâmes, le 26 messidor, les sables amoncelés du Canal Schabour, qui se dégorgeait dans le Lac Maréotis. L'aridité occupe actuellement la place des eaux ; et les campagnes, jadis les délices des voyageurs, n'offrent plus qu'une affreuse solitude.

Les Mameluks n'infestaient plus notre passage. Mais nous étions menacés du fléau le plus redoutable : le terme de la moisson venait d'arriver, et, faute de moulins, nous luttions contre la famine au milieu de l'abondance.

Le jour suivant, l'Armée se trouvait encore en face du Delta, vis à vis l'embouchure de la principale branche du Canal Menhouf. Elle avait devant elle une vue magnifique ; mais le Nil qu'elle ne pouvait traverser, n'ayant pas de bateaux, opposait à ses pas une barrière insurmontable. Après une route infernale, nous nous trouvions sur un tas de sable.

Il me serait impossible de rendre les effets de ce jour déplorable. Le désespoir était à son comble. L'homme de caractère se brûlait la cervelle ; des militaires se précipitaient dans le Nil. L'Armée entière, l'œil morne et abattu, se croyait perdue sans ressource.

O trop chère Patrie ! nos vœux se portaient vers toi ; tes véritables enfans demandaient à rentrer dans ton sein. Hélas, combien de malheureuses victimes te firent leurs derniers adieux.

Nous arrivâmes, le 28, à Terrhaneh : ce village considérable avait été dévasté et abandonné : il est cité par tous les voyageurs. Une ligne droite, tirée de Terrhaneh au sud-ouest, tomberait à six lieues sur les Lacs *Natrons.* C'est de ces Lacs, environnés de Couvens Cophtes et Chrétiens, que les Egyptiens tirent le *natrum*, qui est le grand commerce de Terrhaneh. Le fleuve *Sans-Eau* se trouve à huit lieues à l'occident. J'apperçus pour la première fois, à ma droite, la chaîne aride des Monts de la Lybie.

Les Bédouins nous ombragèrent, le 29, au point du jour. Ces vagabonds n'avaient jamais paru de si grand matin. Ils aiment, ainsi que les Mameluks, à reposer dans les ténèbres, et ne se montrent jamais tant qu'elles couvrent l'horison.

Hybrahim-Bek, qui ne s'était pas encore présenté, haranguait le peuple du Caire et des environs. Depuis le 30 messidor, tous les habitans, saisis d'une terreur panique, abandonnaient leurs foyers, et emportaient ce qu'ils avaient de plus précieux. Nous ne trouvions que des magasins de pastèques d'un corail superbe. Ce fruit délicieux couvrait les bords du Nil d'une pâle verdure. Cette nourriture légère humecta mon gosier aride, rafraîchit mon haleine brûlante, et je dus mon existence à ce suc vital.

L'armée marcha jusqu'au 3 thermidor à peu de distance du Nil pour se présenter au Grand-Caire. Elle se vit obligée de dévaster les villages et hameaux qui se trouvèrent sans habitans, sur son passage. Les Mameluks s'étaient éclipsés pendant deux jours, ce qui me fit croire qu'ils se préparaient à une affaire décisive.

BATAILLE DES PYRAMIDES.

Le Camp de Mourat-Bek était aux environs d'Enbabé. Ses troupes à la légère étaient si belles et si brillantes qu'on eût cru voir le Dieu de l'Amour couvrir les bords du Nil. Comme nous, elles brûlaient d'envie de combattre et de vaincre. L'orage grondait sur les bataillons.

Les chevaux indomptables de l'Egypte frappent le sol : les Mameluks s'élancent sur un nuage de poussière. Le signal de l'attaque retentit dans la plaine : on crie aux armes pendant deux fois. Quatre mille coursiers frémissans blanchissent leur frein de sueur et d'écume ; ils sont abandonnés à toute la fureur qui les anime. Mourat-Bek nous charge comme un Général désespéré. Mille coups partent à-la-fois. L'Armée Française, *semblable à une colonne de granit*, est inébranlable. Les Mameluks épuisent leur valeur, se précipitent sur nos baïonettes, et s'embrochent sans se retenir. Leurs damas se brisent sur nos armes; on les bat dans le centre, tandis qu'on les assomme vers l'aile droite.

La Division Bon traverse une batterie de trente pièces de canon, et l'enlève d'assaut. Elle court sur Mourat-Bek : ses Cavaliers tombent comme les glands et mordent la poussière. Les vaincus se sauvent dans le plus grand désordre : les uns galopent autour des Pyramides ; les autres se précipitent dans le Nil, et se débattent dans leur chûte profonde, contre les eaux et la mitraille.

Les Mameluks, ces guerriers si dignes de combattre, reconnurent leurs vainqueurs. Ils éternisèrent leurs noms, en immortalisant la gloire des Français. Mourat-Bek se retira dans la Haute-Egypte. Le lâche Hybrahim-Bek ne donna point, et prit le chemin de la Syrie. Quinze cents Mameluks perdirent la vie sur le champ de bataille, ou en fuyant à la nage. Nous eûmes deux cents hommes hors de combat.

Je frémis d'horreur en parcourant le camp. Des cris plaintifs et de gemissemens lugubres perçaient à travers des tas de cadavres. Ici les uns se débattaient dans les bras des furies; d'autres rendaient le dernier soupir en regardant leurs blessures.

Je sortis de cette vaste tombe pour arriver

à Gizzé. Cette ville est élevée sur le Nil en face du Vieux-Caire. Mourat-Bek en faisait son jardin de plaisance. Son hôtel magnifique nous servit d'hôpital : j'y passai laborieusement la nuit.

Du 5 Thermidor.

Depuis le 4, plusieurs Divisions étaient entrées dans le Grand-Caire. Les drapeaux de la Liberté flottaient dans les rues. Le plus tranquille repos annonçait l'entière soumission des habitans, et nous fit goûter, en paix, le fruit de nos conquêtes.

Retenu, pour quelque temps, à Gizzé, je consacrai à des observations les courts instans que m'accordait le traitement de mes respectables frères d'armes.

Il eut été fort inutile de chercher, d'après la description de M. Bruce et de plusieurs autres auteurs, les ruines de Memphys. Il est vrai que le Temple d'Osiris et celui de Vulcain, le Grand Colosse, les Temples de Vénus et de Sérapis sont entièrement détruits, et qu'il n'en reste plus aucun vestige.

En calculant la vraie position et la vaste étendue de Memphys, on ne peut qu'admettre les Pyramides, les Catacombes et le Sphinx.

Les trois premières Pyramides sont élevées au pied des montagnes de la Lybie, à trois lieues sud-ouest de Gizzé. Chaque face de la plus grande a six cents pieds à sa base, et plus de six cent soixante pieds de hauteur. Cette masse colossale est admirable ; mais ce qui donne la plus haute idée de son volume, c'est qu'elle présente toujours la même forme de la distance la plus éloignée.

On a long-temps disputé sur les matériaux qui la composent, et de quel endroit ils furent portés. Si les voyageurs l'avaient bien examinée de près, ils n'auraient jamais élevé des doutes, et se seraient, sur le champ, convaincus que les matériaux avaient été tirés des montagnes qui leur servent de fondement.

L'intérieur de cette masse énorme ne présente que les tristes vuides d'un tombeau, et non *ces longs corridors*, *ces immenses appartemens*, *ces dragons volans*, *ces torrens et cet autre monde* du fou Cagliostros.

Je ne dispute pas sur leur origine ni sur celui qui les fit construire ; laissons perdre dans ce dédale ceux qui ne vivent que d'hypothèses et de conjectures. Il me suffit de savoir que les Pyramides étaient les tombeaux des Rois de Memphys, et que ces monumens furent élevés après la désertion des habitans de Thèbes.

Toutes les Pyramides sont à la suite l'une de l'autre, et au midi des trois premières. J'en parlerai dans la description de la Haute-Egypte, et du Nil.

Le Sphinx qui se trouve à côté de la grande Pyramide se ressent un peu de sa décrépitude. La partie de sa tête qui se présente au nord-ouest se trouve rongée par l'opiniâtreté de ces vents qui durent plus des trois quarts de l'année.

Les Catacombes n'ont rien de particulier à remarquer.

Du 6 Thermidor.

L'Armée Française occupait le Grand-Gaire et les environs. Hybrahim-Bek avait pris la route de Syrie ; il se reposait à Alenka avec ses esclaves et toutes ses troupes. Mourat-Bek campait sur le chemin de la Haute-Egypte. Sa femme légitime resta dans le Caire. Elle possède les plus hautes qualités. Les Français résidant en Egypte, avant notre arrivée, la surnomèrent protectrice des Européens. Aucun d'eux n'eut échappé à la fureur des Beks et du peuple, sans l'influence que cette Souveraine avait sur les Mameluks.

Le Caire est, après Constantinople, la plus grande ville des Etats Turcs. Il se trouve au sud-est de Boulac et au nord-est du Vieux-Caire. Ces trois villes n'en font véritablement qu'une seule. Elles ne sont distantes l'une de l'autre que de mille toises, et forment un circuit qui fut évalué par le célèbre *Monges* à celui de Paris.

Comme le Vieux-Caire, située sur le bord du Nil, tombe en ruines, et que Boulac, dans la même position, n'en diffère que parce qu'il est plus commerçant, quoique beaucoup moins étendu, je me borne à la description du Grand-Caire.

Il est appelé *Masr* en arabe, et est élevé au pied du Mokatan, à douze cents toises du Nil. Cette ville présente une très-grande circonférence; elle a dix-huit cents toises dans le diamêtre transversal et deux lieues de longueur. On y remarque deux flancs et deux extrêmités: le flanc de l'*est* forme la Citadelle, et répond au Mokatán; celui de l'*ouest* régarde Boulac. L'extrémité du *sud* est séparée du Vieux-Caire par les Aqueducs; elle fait face à la Haute-Egypte. L'autre extrémité, au *nord-ouest*, se trouve décorée par la Porte de la Victoire.

Le Caire n'est pas embelli par de beaux édifices, ni par de magnifiques places publiques, ni par de superbes rues. C'est un désordre confus de maisons innombrables. On trouve cependant, parmi des décombres et des cimetières, quelques maisons distinguées, et des mosquées d'une étonnante solidité. Les minarêts (1) forment un charmant coup d'œil, et

(1) Clochers.

montrent

montrent au-dessus de la ville, leurs tailles gigantesques.

La place *Esbequier*, où était la maison Bonaparte, présente une grande étendue. Elle est de forme irrégulièrement triangulaire. Les Généraux Divisionnaires, les Commissaires-Ordonnateurs, et les Administrateurs en chef y avaient leur hôtel commun. Je n'ai vu que la rue des *Cordonniers* tirée au cordeau. Il n'est pas ordinaire de trouver des maison au-dessus de trois étages.

La population du Caire n'est pas exacte dans Volney. On peut retrancher cent mille ames des quatre cent mille qu'il lui donne. Les hommes, comme le disent tous les voyageurs, sont à moitié aveugles; mais les femmes ont généralement des beaux yeux.

Les Mameluks s'étaient approprié le plus beau sexe de Géorgie et de Mingrelie. Leurs serrails présentent l'aspect le plus brillant et le plus voluptueux. Chaque *ciel* forme un dôme coloré d'or, retient le vent du septentrion, et le force à tomber sur le sein de lys des belles esclaves. Le zéphir établit à son tour un doux courant d'air dans les appartemens, et souffle mollement sous la gaze légère.

Des jets d'eaux, au milieu d'un bassin de marbre blanc ou de granit, dompte, dans l'été, la trop forte chaleur du climat, et entretient la fraîcheur de ces houris. Des sophas, des tapis magnifiques, des coussins dorés décorent ces riches appartemens. L'or le plus pur du Sennar, les émeraudes du Pérou, le corail de la Mer-Rouge et les plus rares diamans relèvent leurs attraits. Ces divinités, les idoles des Mameluks, sont un sanctuaire impénétrable aux autres hommes. Nonchalemment assises ou étendues à côté du Sultan, ou appuyées avec mollesse contre un sopha de Turquie, elles passent leur vie dans une douce langueur; condamnées, dans ces lieux d'opulence, à un esclavage pompeux, elles meurent loin de tous les regards.

> Sur la pourpre et sur l'or cent beautés étendues
> Respirent les odeurs dans ces lieux répandues.
> De leurs charmes épris, le Sultan trop heureux
> Distille dans leur sein l'hypomane amoureux.

Le Grand-Caire conserve encore de lambeaux d'ancienneté. On ne peut parcourir la ville sans passer plusieurs fois sur différens ponts du canal, anciennement connu sous le nom du fleuve Trajan. Il part du Nil à côté des acqueducs, traverse la longeur de la ville, inonde, par divers canaux, les citernes et les places publiques, va se dégorger à Berketel'adje, fertilise la plaine, et roule ses eaux jusques dans la province de *Belbeïs.*

La Citadelle est toute délabrée : elle fut jadis connue sous le nom du Château de

Salomon. On y voit l'aigle des Romains, et les empreintes frappantes de tous les conquérans d'Egypte.

La citerne de *Joseph* a plus de trois cents pieds de profondeur. Un bassin la divise en deux parties égales. On peut aisément descendre au milieu sur des marches taillées dans le roc. Peu de personnes se hasardent plus avant. Il faut être bien conduit et bien éclairé pour ne pas glisser sur une pente rapide et très-étroite.

Le milieu de la Citadelle présente encore un riant salon, soutenu par douze colonnes d'un granit très-poli.

Avant notre arrivée en Egypte, le Caire n'avait aucune autre forteresse. Bonaparte reconnut les colines qui cernent et dominent la ville. Il fit bâtir, sous le Mokatan, les forts *Dupuy*, *Succousqui* et l'*Accoubé*; entre Boulac et le Caire, le fort *Camin*, le fort *Quarré*, celui de l'*Institut* et *la Ferme d'Hybrahim-Bek*; entre le Vieux et le Grand-Caire, le fort *des Aqueducs*; enfin le fort *Kléber*, qui défendait la porte de la *Victoire*.

Il fallait, avec un petit nombre de troupes, intimider, par des moyens imposans, une ville aussi considérable et aussi peuplée.

Le *Belvedère* forme le point le plus éminent de la Citadelle. On découvre l'immense étendue du Grand-Caire, Boulac, le Vieux-Caire,

Gizzé, la riante verdure des bords du Nil, les trésors qu'épanche de son sein l'île de Rhouadah ; au sud ouest, le commencement de la vallée de la Haute-Egypte. Les Pyramides de Memphys et les montagnes de la Lybie deviennent, au nord-est, les dignes objets de vos contemplations. Mais si l'observateur inconstant porte ses regards derrière lui, sa vue est, sur le champ, bornée par le Mokatan, et se perd dans un aride désert.

L'île de Rouadah sort du sein du Nil entre le Vieux-Caire et Gizzé. C'est un ovale toujours verdoyant de deux lieues de circonférence. Son plus grand diamêtre est situé parallèlement aux deux rives du fleuve. Les eaux répandent, sur tous les points de sa surface, la fécondité et l'abondance. Le cultivateur heureux ne cesse de semer et de recueillir. Les dons de Cérès, les présens de Pomone et un beau ciel comblent ses vœux.

Le *Nilomètre* se trouve à l'extrémité méridionale de l'île. C'est une tour en marbre de figure octogone de vingt pieds en quarré. Il s'élève, du milieu du fond, une colonne marquée de diverses lignes et chargée d'anciens caractères. On y inscrit, avec soin, les noms de ceux qui font quelque réparation au *Mikias*, et le peuple les conserve religieusement. Ce sont ces lignes que les eaux couvrent plus ou moins, qui font connaître la crûe de chaque débordement. Le fond du *nilomètre* est de niveau avec le lit du Nil, et en reçoit les eaux par un long canal.

Chaque province a son *nilomètre* particulier, afin d'ouvrir, à point marqué, les canaux qui abreuvent les campagnes. L'inondation la plus commune est de 12 coudées; les plus extraordinaires sont de 9 et de 22. Le *Mikias*, ou *Nilomètre* fut bâti par Amrou, fils d'Aas; c'est un monument infiniment précieux.

On dirait, d'après le récit des voyageurs, que si *le Nil restait très-bas après un faible débordement, la récolte serait perdue.* Il faut bien se garder de prendre ces expressions au pied de la lettre; un million de bras infatigables fait monter alors, par différens leviers, les eaux du fleuve sur les terres et dans les canaux, ainsi que les Arabes le pratiquent, chaque année, lorsque le Nil s'est retiré.

Du 10 Thermidor.

Bonaparte, ayant fortifié le Caire, résolut de poursuivre Mourat-Bek dans les deux Thébaïdes, de marcher sur Hybrahim-Bek vers la Syrie, et d'occuper la branche de Damiette.

Le Général Vial s'embarqua sur le Nil avec la vingt-cinquieme Demi-Brigade; il laissa, en passant, 150 hommes de garnison à Mansoura, et en envoya deux cents à la bouche du fleuve, pour s'emparer d'un village appelé *Lesbech.*

Vial se vit dès-lors le maître absolu de cette branche, ainsi que d'une portion du Delta, et s'opposait, par ce moyen, à tout débarquement ennemi.

Du 14 Thermidor.

COMBAT NAVAL D'ABOUKIR.

L'Escadre Française avait jeté l'ancre devant Aboukir. Depuis deux jours les Anglais s'y montraient à deux portées de canon.

L'Amiral Bruyès manda à son bord tous les Capitaines, et assembla le Grand-Conseil. L'unanimité voulait mettre à la voile, et gagner le vent à l'ennemi ; Bruyès, le trop malheureux Bruyès, annule toutes les opinions, et, par un avis opposé, fait valoir sa volonté suprême.

Il fait embosser son escadre devant une petite île vis-à-vis Aboukir, et laisse, contre toutes les règles de l'art, le passage d'un vaisseau de ligne entre cette île et nos vaisseaux. Ce fut dans cette triste position qu'on attendit l'ennemi.

Nelson paraît au point du jour, et lâche sa bordée.

L'Orient est attaqué par trois vaisseaux à-la-fois ; il se défend, et son premier feu en démâte un de 74, qui amène son pavillon. Bruyès est blessé au commencement de l'affaire ; bientôt *il expie tant de fautes par une mort glorieuse*; avant la fin du combat, il est coupé en deux par un boulet ramé.

Cette perte ne ralentit pas le courage des marins français ; mais, par une fatalité inouïe, l'Orient s'embrâse, l'équipage se déconcerte, la canonnade finit ; les Anglais gagnent le large, les matelots se précipitent dans la mer. La poudrière éclate, l'atmosphère est en feu, la mer en est boulversée jusques dans ses fondemens. Les flots écument sur le rivage, et le spectateur d'Aboukir est glacé d'effroi.

Les deux escadres se contentèrent de tirer, pendant la nuit, quelques coups de canon.

Le lendemain, l'Amiral Anglais fit passer ses vaisseaux entre la petite île et les nôtres. Le premier se trouva entre deux feux, comme l'avait été l'Orient, et fut forcé de se rendre, ainsi que ceux de la même ligne.

La présence d'esprit du Contre-Amiral Villeneuve sauva les Vaisseaux *le Généreux*, le *Guillaume-Tell* et deux frégates. Ils profitèrent de l'obscurité d'un épais brouillard, et se frayèrent une route honorable vers Malte.

Le combat se termina à la gloire des Anglais. Ils perdirent beaucoup de leur Etat-Major. Un de leur 74 fut fracassé sur la côte, et leur escadre considérablement endommagée.

La perte des Français fut incalculable.

Nelson, embarrassé de nos prisonniers, en débarqua quatre mille, qui firent partie de la garnison d'Alexandrie.

Du 16 Thermidor.

Quoique Bonaparte vit ses projets détruits par cette déplorable journée, il fit marcher quatre Divisions et cinq cents hommes de Cavalerie sur Alenka, pour attaquer Hybrahim-Bek. Son dessein était non-seulement de repousser ce politique Musulman dans le fond de la Syrie; mais encore de s'emparer d'une caravane de deux mille chameaux, chargés des plus riches marchandises des Indes.

L'Armée ne laissa au Caire que le Général Dupuy, et quelques détachemens des Demi-Brigades.

Hybrahim-Bek fut attaqué à Alenka, et chassé de la ville.

Les Mameluks *gesticulaient*, et fesaient des mouvemens de mépris; Reynier les attaque de nouveau, et les met en fuite.

L'Armée passa, le 18, à Belbeïs. Notre Infanterie marchait continuellement sur les talons des Mameluks; mais ils s'envolaient au moment où nous allions les atteindre.

Nous arrivâmes, le 22, rendus de fatigue, à Ssaléhhyeh. Bonaparte cessa de poursuivre l'ennemi. Toutes les Divisions restèrent en observation au commencement du désert

Notre Cavalerie, réunie à quelques Arabes, avec qui nous venions de faire la paix, attaqua Hybrakim-Bek à la même position où le célèbre *Ali* était tombé aux pieds de Mourat-Bek. Les Mameluks, dix fois plus nombreux, la repoussèrent avec quelques pertes ; et Hybrahim-Bek, se voyant livré dans le désert, s'en fut en Palestine, et delà dans la Syrie.

Du 23 Thermidor.

Le Général en chef apprit que cent cinquante Français, de Garnison à Mansoura, venaient d'y être égorgés. Il ne fut pas difficile aux Arabes de massacrer une poignée d'hommes sans défiance, et trahis par les coupables habitans de cette ville. Un Détachement de 200 hommes que le Général Vial y envoyait de Damiette, fut aussi violemment repoussé. On nous annonça que des barques avaient été coulées, nos soldats assassinés, et que les troupes de cette Branche du Nil étaient dans le plus grand danger.

Bonaparte donna des ordres. Dugua partit, le 30 thermidor, de Ssalehhieh ; il arriva, dans six jours, à Mansoura, et trouva cette ville coupable teinte du sang des Français (1).

(1) La Branche de Damiette fut, pendant deux mois, le tombeau des Français. Ils se défendirent jusqu'à la dernière munition, et 3000 hommes firent plus que Saint-Louis n'avait fait avec cent mille.

Tant de cruautés et des crimes nous portèrent aux plus violens excès et à la vengeance la plus éclatante.

Aucun voyageur Européen n'avait encore fait la route du Caire à Ssaléhhyeh. On trouve les ruines d'Héliopolis à deux lieues du Caire. J'y ai vu deux obélisques que le paganisme éleva au soleil, et un contour très-marqué des digues qui défendaient la ville contre les inondations du Nil. On prétend qu'Héliopolis fut le dépôt de toutes les sciences, et que les hommes de qualité de Memphys envoyaient leurs enfans à ses Colléges. L'histoire nous apprend que le sage Platon fut demander, mais en vain, des lumières aux savans de cette ville célèbre. On avait élevé, hors de son enceinte, un magnifique Observatoire. C'était-là que ces anciens *Lalande* observaient les astres, réglaient les temps, les saisons, et prédisaient l'avenir. On a transmis à la postérité qu'un miroir placé au haut des murs, réfléchissait les rayons du soleil, et éclairait le Temple d'Héliopolis. Cette magnificence, ces temples, ces palais laissent encore de légères traces de leur existence ; mais ces sciences et ce génie, que mes idées me présentaient si vastes et si dignes d'admiration, s'éclipsèrent avec les Philosophes, furent ensevelis sous les premiers décombres, et sont devenus la proie du temps.

Vient ensuite Matarié, petit village à une lieue d'Héliopolis. Matarié signifie *Eau Nouvelle*. La fontaine qui lui a donné ce nom est la seule source d'eau courante que je connaisse dans toute l'Egypte. Elle est indubitablement produite par la transudation des eaux que le fleuve Trajan envoie aux environs, à chaque débordement. Les Chrétiens et les Turcs regardent comme une chose merveilleuse la formation de cette source. Ce lieu servit de demeure au Christ, lorsqu'il fuyait la persécution d'Hérode. Chaque génération se transmet encore que la fontaine coula pour la première fois à son arrivée en Egypte.

Alenka, petite ville à deux lieues de Matarié, fut bâtie avec beaucoup de goût. Les rues et les places publiques sont assez régulières. Les riches du Caire y allaient passer plusieurs mois de l'année ; c'est aujourd'hui un pays désert et ravagé.

Belbeïs, à sept lieues d'Alenka, est la seule ville qui conserve des vestiges des ouvrages du Sultan Salim. Des mauvaises murailles et quelques fortifications décrépites rappelèrent son souvenir aux Français. Les habitans montrent à tous les voyageurs le camp des Romains. C'est une place quarrée de quinze cents toises de circonférence, dans laquelle ils se retranchèrent, lorsqu'ils firent le siége de cette ville. La population de Belbeïs est d'environ six mille ames. Le peuple y est moins farouche et plus affable que celui de la rive occidentale de la branche de Rosette.

Coraïm, à six lieues de Belbeïs, aussi sur le bord du désert, est une ville plus petite et plus agréable que la précédente. Le dedans et les dehors annoncent la richesse et la gaieté. Mille fontaines remplies par le canal Atribis arrosent le territoire. L'air est salubre toute l'année ; les campagnes riantes donnent des fruits à chaque saison. Un nombre prodigieux de jardins abondants en orangers, palmiers, citroniers, cannes à sucre et indigo, ceignent le pays. On y trouve beaucoup de bestiaux, de pigeons et de poules. Le Chef de Coraïm s'attira la bienveillance des Français par les services qu'il leur rendit.

Ssaléhhyeh, dernier pays de la province de Charquier, à six lieues de Coraïm, est situé à l'extrémité orientale d'une immense forêt de datiers, et formé par plusieurs villages et hameaux voisins, au milieu desquels est élevée une ancienne Mosquée. Ces habitations rustiques et ruinées mettent une ligne de démarcation entre la terre cultivée de la basse Egypte et le désert de l'Isthme de Suez. Ssaléhhieh se trouve au 29.e d. 39 m. 30 s. de long. et au 30.e d. 48 m. 28 s. de lat. Le Minaret de la Mosquée, le point le plus saillant de ce centre commun, élève dans les airs sa masse gigantesque, et domine les déserts et la forêt. Ce Belvédère présente un contraste infiniment curieux. D'un côté, le sol planiforme des sables mouvans réfracte des faisceaux de rayons, tandis que de l'autre, la vue se perd sur un gazon vermeil, sur des jardins rians et une longue plaine de datiers. Qu'il est agréable de voir la belle nature à côté d'un terrain aride ! et bien plus agréable encore de naviguer, à l'époque de l'inondation, de village en village, et de pourcourir, avec la rapidité de l'éclair, tous les points de la forêt.

Des colonnes d'eau, sorties du sein de la Branche de Damiette, remplissent les canaux *Atribis*, *Mitdemsis*, *Mensoura*, se dégorgent sur les terres de la rive orientale, et s'étendent en nappes jusqu'à Ssaléhhyeh. Voilà l'origine de ce fameux Lac. Mais comme les eaux circulent plusieurs jours pour y parvenir, et roulent par fois sur le gravier, elles arrivent à Ssaléhhyéh aussi claires que le cristal ; remarque d'autant plus essentielle que l'eau du Nil est alors extrêmement trouble. Elles apportent un peuple entier de poissons, et facilitent le transport des marchandises du Caire à Ssaléhhyeh, et de Ssaléhhyeh à Damiette.

Des tourbillons de canards, de sarcelles, de poules d'eau, de pluviers, de flamans couvrent ce grand Lac. Ces oiseaux, par-tout rassemblés, s'élèvent souvent en masse, et fendent l'air, en imitant le bruit du canon. On peut chasser, dans cette saison, par eau et par terre. Le chasseur revient, chaque jour, avec beaucoup de gibier, et le pêcheur retire son filet plein d'un poisson délicieux. Vous poursuivez, le lendemain, le sanglier, l'autruche et la gazelle dans le désert. Ces parties de plaisir sont salutaires et fort amusantes.

La terre s'abreuve, pendant quelque mois: le Nil baisse, et le Lac diminue insensiblement. Plusieurs fossés très-profonds conservent de l'eau jusqu'à l'inondation de l'année suivante ; mais comme elle se corrompt à la présence réitérée du soleil, on creuse, de temps en temps, de nouveaux trous, pour en boire de meilleure. Après cette rétraction, les paysans cultivent les terres, sèment du blé, de l'orge, des légumes, et font des jardins très-étendus. Cette terre contient peu de *natrum* ; aussi boit-on de la bonne eau toute l'année.

Les Français firent, au côté méridional du Minaret, un vaste retranchement ; ils élevèrent au milieu une grande tour lardée de canons, entourée de mines et de fossés. On traça, sur l'extrémité occidentale du retranchement, le plan de l'hôpital. Il fut composé de deux salles parallèles, adaptées l'une à l'autre par une même ligne, et égales en surface. Chaque salle eut la forme d'un parallèlogramme rectangle. J'ai mené une perpendiculaire de vingt pieds entre les deux flancs opposés ; et le côté, sur lequel tombe la perpendiculaire, a cinquante pieds de longueur. Cet emplacement est véritablement fait pour recevoir des malades.

L'Egypte ne présente pas beaucoup de lieux plus sains que Ssaléhhyeh. Cependant des épaisses vapeurs s'élèvent, au printemps, des campagnes humides; la rosée est très-abondante. Les terres plus chaudes, pendant la nuit, que l'atmosphère, exhalent l'eau qui forme les brouillards. L'air, étant alors dans un état de saturation, en augmente tellement l'épaisseur, qu'on se trouve, tous les matins, dans un nuage. Mais lorsque le soleil partage l'horison, et que cet astre vivifiant est accompagné d'un doux zéphir, les terres se dessèchent, l'air se rarifie, la rosée et les vapeurs entrent en dissolution, et le ciel devient serain.

L'élévation du Fort, la variété des champs, la pureté des eaux et la bonne qualité des alimens entretiennent le corps en santé, et font naître d'agréables idées.

Le citoyen Succousqui, qui a fait la topographie du Caire à Ssaléhhyeh, semble en avoir saisi le vrai tableau. On se présente, en effet, en sortant du Caire devant le désert qu'on laisse toujours à droite; et nous avons eu jusqu'à Ssaléhhyeh la verdure à gauche. Il manque un peu dans les citations, et il omet beaucoup d'objets intéressans. L'ombrage des beaux sycomores, qu'il étale dans la plus vaste étendue, lui cacha le flexible *phaseolus*, *l'acca-*

sia nilotica, *le noir prun*, moins heureux l'*accassia phamesiona*, qui s'élevait souvent en repandant un doux parfum, à son passage. Je m'arrête au cassant *palma Christi*, à l'absynthe odoriférante, à la précieuse centaurée, à la pastèque marbrée, au tortueux concombre, au melon arrondi, etc.

Il n'est pas étonnant de voir beaucoup d'omissions dans un tableau fait à la hâte, sur-tout lorque le peintre poursuit vigoureusement l'ennemi, et qu'il rassemble toutes ses couleurs dans un coup d'œil.

La Division Reynier garda les postes de Ssaléhhyeh, Belbeïs et toute la province de Charquier. Les autres Divisions retournèrent au Caire.

Mois de Fructidor.

Le Général en chef ordonna, par son arrêté du 3, qu'il serait établi au Caire, un Institut pour les Sciences et les Arts. Les Membres s'assemblèrent pour la première fois, le 5, et les séances furent fixées aux primidi et sextidi de chaque décade.

Le citoyen Monges occupa le premier le fauteuil, Bonaparte celui de Vice-Président; le citoyen Fourrier fut nommé Secrétaire Perpétuel.

Bonaparte présenta, quelque temps après, l'organisation de l'Egypte.

Le

Le Général Bon contenait le Caire.

Le Général Lasnes le Vieux-Caire.

Le Général Reynier commandait la Province de Charquier.

Le Général Menou, la Branche de Rosette.

Le Général Dugua, la Branche de Damiette.

EXPÉDITION DE LA HAUTE-EGYPTE.

BATAILLE DE SÉDIMAN.

Du 1.er au 15 Vendémiaire an 7e.

Bonaparte, rendant justice à la bravoure et aux connaissances militaires du Général Désaix, lui confia l'expédition de la Haute-Egypte. Désaix fut à la poursuite du héros des Mameluks ; il s'enfonça plus de cent lieues dans le pays. Mourat-Bek feignait de refuser le combat.

Le Général Français, instruit que différens Beks recrutaient des Bédouins, surveillait leurs démarches, suivait pas à pas son adversaire, et saisissait ses moindres mouvemens.

Mourat-Bek, après mille détours, grossit considérablement son noyau et redescendit vers le Caire, avec une armée imposante.

Désaix, que rien n'étonna jamais, enfile

avec lui le canal Joseph jusques dans le *Fayoum*.

Toutes les forces des Mameluks furent réunies à Sédiman, le 15 vendémiaire, et Mourat-Bek se dirigea sur les Républicains.

Désaix se mit en ordre de bataille; il divisa ses soldats en trois quarrés. Le plus grand, dans le centre, composé de deux mille hommes, l'aile droite de trois cents, et la gauche de quatre-vingt-dix. Ce dernier n'eut pas le temps de respirer; on l'attaqua si vivement, qu'il ne put faire que sa première décharge.

Désaix, voyant ce peloton perdu, fut dans la dure nécessité, pour disperser les ennemis, d'y faire tirer un coup de canon à mitraille.

Les Mameluks et les Bédouins s'écartèrent, et beaucoup y périrent.

Leur artillerie nous détruisait beaucoup de monde. Ce fut alors que le Général Français déploya toutes ses ressources.

Les Soldats jurèrent d'obéir, et de périr, jusqu'au dernier, les armes à la main. La Division marcha sur l'artillerie des Mameluks.

Ceux-ci criaient : *au carnage, au carnage*. Des Escadrons entiers sortirent de leurs rangs, brisèrent leurs sabres sur nos baïonnettes, jettèrent, sur nos figures, leurs carabines, tromblons, pistolets et massues. Les cavaliers, qui se débattaient sur le sable brûlant, se traînaient dans le camp des Républicains, pour couper ou mordre leurs jambes.

Désaix arrive enfin, tout sanglant, sur l'artillerie, pulvérise les canonniers, et Mourat-Bek, se voyant forcé de céder à tant d'impétuosité, prit la fuite.

Les Français, après cette brillante victoire, montèrent le Nil jusqu'à la première cataracte, et laissèrent des postes aux principales villes, qui se trouvaient sur les bords du Fleuve.

Révolte du Caire.

Les sectateurs réunis des Mameluks et des Anglais s'assemblèrent, le 30 vendémiaire, à six heures du matin, dans les places publiques du Caire. Chacun prêta, au nom de Mahomet, l'horrible serment d'apporter la tête d'un Français. Ils se dispersèrent dans la ville en assassinant de toutes parts. Le dedans et les déhors étaient entourés d'ennemis. Boulac, le Vieux-Caire entraient dans ce grand complot; et les Arabes, instruits de la révolte, voltigaient en grand nombre devant les forts *Succousqui*, l'*Accoubé*, la Citadelle, etc.

Il était urgent de dissiper l'orage qui s'élevait sur nous. Les nouvelles Troupes Grecques, réunies aux Français, marchèrent contre les audacieux assassins. Le lugubre pas de charge fit éclaircir, sur le champ, les plus nombreux attroupemens. Nous poursuivîmes les rebelles en ordre de bataille, et, dans toutes les rencontres, ils furent attaqués avec la dernière bravoure. Les révoltés, qui tombaient lâchement cent contre un, se sauvèrent dans les mosquées; et les lieux sacrés de leur culte devinrent l'asyle des scélérats.

Le Caire suffoqué, le matin, par la foule, se trouva bientôt désert; et l'on ne voyait plus où les Français avaient passé que des cadavres sanglans.

La grande Mosquée, où s'était formé le noyau de la révolte, favorisait la retraite des fuyards. Plus de six mille s'y retranchèrent. Les Français les envelopèrent; Bonaparte la fit bombarder toute la nuit; et le lendemain, pendant qu'on faisait des mines pour culbuter cette vaste enceinte, et que la consternation était générale, le pardon le plus humiliant fut demandé par le Grand-Prêtre. Bonaparte fut ému, et le carnage cessa.

Le Général Lasnes avait repoussé les Arabes dans le désert.

Toutes les villes d'Egypte entraient dans ce complot. Damiette, Belbeïs, Rosette, Alexandrie, et la Haute-Egypte firent, le même jour, des tentatives pour la destruction des Français. Les Anglais avaient debarqué 15000 fusils pour armer les Arabes. Trois mille Mahométans furent victimes de leurs erreurs. Nous n'eûmes que 100 hommes à regretter.

Le premier Aide-de-camp du Général en chef fut assassiné par six cents Arabes, dans une expédition, à Boulac. Dupuy, commandant du Caire, reçut deux coups de lance, qui le laissèrent sur la place.

Le lendemain Bonaparte fit armer toutes les administrations ; il offrait des armes à qui saurait s'en servir. Il fit ensuite donner des bals pour fêter les Juifs, les Cophtes, les Grecs et les Mahométans Il réconcilia tous les partis. La haine la plus implacable s'éteignit, et une journée commencée par le crime fut terminée par l'allégresse.

Le calme le plus profond couronna brumaire. Il partit, le 15 frimaire, une expédition de six cents hommes pour *Suez*. Ils y arrivèrent après avoir traversé trente lieues de désert

Jedda, la Mecke, Mocka, Hyspahan, toute l'Arabie heureuse, et la côte d'Abyssinie y débarquèrent, dans la suite, quantité de précieuses marchandises ; mais les Anglais interrompirent, pendant plusieurs mois, le commerce ; Ils fermerent aussi le détroit de *Babel-*

mandel, et s'opposèrent à toute communication avec l'Océan.

On envoya, le 27, douze cents hommes de cavalerie pour renforcer la Division Désaix. On n'était pas encore venu à bout, avec trois mille hommes d'infanterie, de chasser Mourat-Bek de la Haute-Egypte. Ce dernier renfort contribua puissamment à repousser dans le désert ce rédoutable guerrier. Jamais ennemi plus ardent, plus souple et plus impétueux. Quand il change de forme, et qu'il feint de rendre les armes, le choc qu'il nous prépare est difficile à soutenir. Ne l'a-t-on pas vu mille fois ne faire qu'un élan de la vallée dans le désert, franchir, avec la rapidité de la pensée, les monts de la Lybie, et revenir, ainsi qu'une comète en feu, avec la vîtesse de la lumière ?

Le 6 nivose, une voix divine retentit dans toute l'Egypte. Bonaparte, resplendissant de gloire, fut annoncé au peuple pour nouveau Prophète de Mahomet. Les orateurs des Mosquées déclamèrent que son arrivée en Egypte se trouvait dans vingt passages du *Koran*, et qu'il vneait d'abattre, par la volonté de l'Etre-Suprême, les croix de l'Occident.

EXPÉDITION DE LA SYRIE.

Le Général en chef, ayant appris que les Pachas de Syrie s'armaient contre l'Egypte, prévint leur audace, et fut les attaquer.

Kléber, parfaitement guéri de sa blessure, partit du Caire, pour commander la Division Dugua, et faire l'avant-garde de l'Armée.

Je m'embarquai avec lui à Boulac. On se trouva, deux heures après notre départ, à la hauteur d'*Héliopolis* et de *Matarié*, anciennes villes déjà citées que le fleuve *Trajan* et le canal d'*Adrien* rendirent jadis si fertiles et si florissantes.

J'apperçus, à quatre lieues de Boulac, le sommet du Delta, connu par les historiens sous le nom de *Ventre-de-Vache*. Le Nil tombe perpendiculairement sur ce grand angle, et se divise en deux branches. J'appelle Branche orientale celle de Damiette, et occidentale, celle de Rosette.

Le *Ventre-de-Vache* oppose une résistance invincible à la masse des eaux. Les divers mouvemens d'action et de réaction des flots, le bouillonement tumultueux des ondes et le bruit sourd de la séparation du fleuve sont un effet de la rencontre perpétuelle des deux élémens opposés.

Le sommet du Delta se trouve au-dessous de *Charakhanié*, village que divers auteurs croient bâti sur les ruines de *Cercasorum*. On sait depuis long-temps que l'ancienne Branche

Pélusiaque, placée un peu plus bas que *Cercasorum* a totalement disparu. Il est impossible de révoquer en doute, d'après son origine et sa direction, qu'elle vivifia des terres actuellement désertes. Belbeïs, Coraïm, Ssaléhhyeh doivent, en partie, leur dépopulation et leur décadence à la destruction de ce canal. La rive du Nil, extrêmement exhaussée, présente quelquefois des déserts brûlans.

Savary a, sans doute, voulu faire une plaisanterie, lorsqu'il avance que les parfums odoriférans, la rose vermeille, le lys d'ivoire, le muguet fleuri, le jasmin éblouissant, enfin tous les dons de Flore invitaient le plus beau sexe des environs à y venir faire toilette. J'ai toujours vu les femmes sales comme des limaçons et noires comme des taupes. Celles qui sont jolies, ne sortent jamais de leurs mauvaises maisons.

Si, du temps de Savary, elles ont fait leur toilette sur les bords du Nil, ce devait être dans le sable mouvant et embrâsé, avec de l'eau bourbeuse, et jamais au milieu des parfums.

Je vis, à six lieues du Caire, le canal Menhouf, celui que nous avons déjà dit traverser le Delta, et se ramifier dans la Branche de Rosette. Il s'ouvre au-dessous de la ville, et se divise en trois branches, dont deux se dégorgent dans le Nil de Rosette. La plus longue coupe les deux provinces du Delta, tombe perpendiculairement sur le lac Burlos, et se trouve parallèle au canal *Méhallé-Malek*.

Des briques cuites au soleil et le limon du fleuve forment les matériaux des fondemens et de l'ensemble des maisons. De nombreux colombiers, blanchis avec une légère couche de chaux, sont les seuls ornemens de la ville. Les habitans, farouches et méchans, expriment, par le clignotement de leurs yeux, la plus sombre férocité. Les femmes publiques sont, ainsi que dans quantité de pays de l'Egypte, indécemment logées sous des tentes déchirées, rapiécées et très-mal-propres.

Nous partîmes de Menhouf à pleines voiles. Nos barques passèrent, en moins de trois heures, devant Atribis. Il part un beau canal une lieu plus bas de ce village ; c'est celui de Moës. Il submerge, dans le débordement, Coraïm, la vallee de Ssabbabiah, Ssaléhheyh, mêle ses eaux avec Mit-Demsis, en poursuivant sa course jusqu'au lac Manzaléh.

La force du courant, secondée par un temps calme, nous poussa, dans une demi-journée, d'Atribis à Mikmar. Cette petite ville, située sur la rive orientale, intéresse tous les voyageurs par l'aménité des habitans. Aussi-tôt qu'on paraît sur le rivage, chacun s'empresse de vous offrir du pain cuit au soleil, du lait, des pigeons, des poules, des pastèques.

Les bords du Nil étaient, dans ce trajet, si élevés, que, renfermé, pendant plusieurs heures, comme dans une caisse, je n'eus pas le plaisir de jouir de la campagne.

Je suis étonné que personne n'ait encore bien observé, que dix mois de suite, le fleuve étant plus profond que le niveau du sol, le cultivateur soit obligé de se servir de puits *à chapelets*, ou de faire monter l'eau sur les terres par différens leviers. On ne s'était pas assez appesanti sur ce sujet, pour faire connaître la peine et les difficultés de l'arrosage.

Quel avantage ne nous donnent pas nos fleuves et nos rivières d'Europe ? Un enfant pratique une ouverture sur un des bords, et dans un instant la plus belle prairie est inondée.

Une promenade de quelques heures conduit de Mikmar à Mitdemsis. C'est au-dessous du village qu'on creusa le canal de ce nom. Il n'est rien en comparaison du précédent, s'enfonce dans la plaine, jette différens rayons, communique avec les canaux Atribis, Mansoura, et se perd dans le lac Ssaléhhyeh.

Le voyageur peut voir, à chaque pas, des objets intéressans, découvrir de nouveaux canaux, et trouver de nouvelles ruines d'anciennes villes. Mais il n'est pas facile de décrire toutes ces minuties sans tomber dans l'ennui et des répétitions monotones.

Nos barques s'éloignèrent de Mitdemsis, et mes yeux, fixés sur tous les points du Delta, apperçurent bientôt le village de *Busiris*. Des historiens prétendent que l'ancienne ville de ce nom eut un temple *Isiaque* magnifique, très-au-dessous de Busiris et du même côté. J'examinai rapidement la ville de Semennoud. Elle ne diffère en rien des autres pays de l'Egypte par l'architecture, les usages et le caractère des habitans. Elle est environnée du Nil et de canaux. Le plus considérable, appelé *Thébanié*, coule six cents toises au nord de la ville, porte la fertilité dans la province inférieure du Delta, et reflue dans le lac Burlos.

Les ruines de *Bhabeit* sont situées plus bas sur la même rive : il faut faire de légères courses dans les terres pour les trouver.

Ainsi secondé par les élémens, j'avançais mollement enveloppé par un doux zéphir. Je fus, toute la nuit, balancé dans un sommeil paisible. Le lendemain, à mon réveil, le soleil dorait la cîme des datiers, et dardait ses rayons éblouissans sur les superbes minarets de Mansoura.

Le mot de *Mansoura* veut dire, en arabe, *la Victorieuse.* Cette ville, la plus considérable de la branche de Damiette après cette dernière, est assez connue. Ses habitans ont toujours montré l'insubordination et la barbarie. L'Europe sait déjà le nombre d'hommes qu'ils nous ont égorgés, et les affreux massacres qui s'y firent lorsque Saint-Louis combattait contre l'Egypte. Cette race inhumaine n'a point changé. Son plus grand plaisir consiste encore à fouiller les entrailles des passans. Le canal de Mansoura, le même qui fut la barrière et le tombeau de l'armée des *Croisés*, est au nord de la ville. Il vivifie la rive orientale, fournit, à chaque débordement, au lac de Ssaléhhyeh, et va grossir les eaux de Manzaléh.

Nous franchîmes, dans un instant, la longueur de la ville. Je n'appercevais plus que l'extrémité des *Minarets* ; un vaste tapis de verdure couronnait les bords du Nil. Je rencontrai, de distance en distance, différens canaux. Celui de *Farescourt* paraît d'autant plus remarquable qu'il semble directement appartenir au lac *Manzaléh.*

Le terme heureux de cette navigation arrivait. Un doux courant nous entraînait, et le cinquième jour, la Division Kléber aborda Damiette.

On l'apperçoit à une demi-lieue de distance, et se présente devant vous en forme de fer à cheval. Les maisons le disputent en hauteur aux minarets. Damiette est la troisième ville de l'Egypte par son étendue, sa population et son commerce. Savary fait monter à quatre-vingt mille ames les individus des différentes nations qui l'habitent. En retrancher soixante mille, c'est être vraiment impartial, et rendre justice à sa population, qui s'élève tout au plus à seize mille. Le caractère et les mœurs des habitans annoncent un peuple très-peu civilisé. Les hommes, malgré le nombre des femmes de leurs serrails, font paraître, ainsi que tous les Egyptiens en général, une extrême jalousie. Je conçois difficilement, et ce n'est pas même probable qu'ayant cru remarquer que les Européens s'attachaient trop aux femmes Mahométanes, ils aient autrefois massacré, comme l'avance Niéburh, tous ceux qui ne purent se sauver par la fuite. Comment ce voyageur s'est-il si fort éloigné du vrai raisonnement ? Les femmes ne sortant jamais de leur serrail, et les Français n'ayant, dans aucun temps, pénétré dans les maisons des Turcs, pouvaient-elles montrer de l'attachement à des êtres invisibles ?

Le commerce de Damiette est d'une grande étendue. La Syrie, l'île de Chypre et Marseille en reçoivent et lui envoyent, sans interruption, des marchandises. On tire de Damiette du riz, du sucre, de l'indigo, de sel armoniac, des dattes, du café, de la toile de coton.

De vastes champs et des jardins nombreux l'environnent L'atmosphère s'y trouve souvent humide, le ciel couvert de nuages; le tonnerre gronde. Les pluies, au lieu de ressembler, comme celles du Caire, à une forte rosée, paraissent ici très-fréquentes, et tombent à grands flots.

Le séjour que j'y fis me permit d'aller plusieurs fois sur le bord de la mer. Différens lacs et des fossés impraticables obligent à se tenir à quelque distance du Nil. De faibles nuances de *natrum* forment, avec la verdure des jardins, des couleurs variées.

On reconnaît Lesbech deux lieues au nord de Damiette. Ce misérable village occupe la place de cette fameuse Thamiatis, qui fut si souvent la proie des nations étrangères. Des fortifications ruinées, de chaque côté du fleuve, étaient les tristes défenses de la Bouche Phatmétique. Bonaparte, connaissant l'importance de ce point de l'Egypte, n'hésita point à faire tirer le plan de deux forts assez considérables pour résister à une puissante armée, et recevoir, dans un besoin, la garnison de Damiette.

L'Armée fit un mouvement, le 21 pluviose. Les Généraux de Division, Bon, Lasnes et Reynier, marchaient sur la Syrie. Ils passèrent par Ssaléhhyeh afin de traverser directement l'Isthme de Suez. Kléber était à la voile dans le Lac Manzaléh avec trois mille hommes. Il faisait des efforts extraordinaires pour arriver le premier sur les terres de l'ennemi ; mais l'inconstance et le changement des vents contrariaient la manœuvre, et mirent quelque retard à cette expédition.

L'immense étendue de toutes les barques, le nombre prodigieux de drapeaux Français qui flottaient sur ces petits bâtimens, charmaient l'ennui du Général. Ce fameux Lac se trouve au 29.e d. 29 m. 15 s. long. et au 31.e d. 25 m. 52 s. lat. Aucun Européen ne l'avait parfaitement connu. Savary, arrêté par des causes qui détruisirent ses projets, en laisse la description à ses successeurs. Sa forme, irrégulièrement ovalaire, a vingt-trois lieues de longueur, sept de large, et soixante de circonférence. Sa base répond à Damiette et Chekchatah ; son sommet est borné par des monticules de sable qui la séparent de la Bouche Pélusiaque, actuellement bourbeuse. Le côté méridional, parallèle au Lac Ssaléhhyeh, forme les différentes Bouches d'Atribis, Mansoura et Farescourt. Le nil ne coule dans les deux premières qu'à l'époque du débordement. Le côté septentrional est séparé de la Méditerranée par une langue de terre, que les vagues franchissent dans les violentes tempêtes. Il conserve encore les traces des Bouches Mendésiennes et Tanitique. Les marins, qui vont continuellement à Thineh, passent par la dernière. Cette Branche, qui mérite une attention particulière, est séparée de la mer par une langue de sable. Sa forme et sa direction, parfaitement semblables à une grande rivière, sa régularité étonnante donnent beaucoup de facilité à déterminer ses dimensions. Elle a cent toises de large, quatre mille de longueur, et devient toujours plus profonde à mesure qu'elle s'éloigne de Manzaléh.

Il est clairement démontré que la profondeur du Lac est généralement de trois pieds et demi dans toute son étendue. On doit nécessairement être pilote-pratique, et s'embarquer sur des bateaux plats pour faire route au milieu d'un nombre prodigieux de petites îles. Deux jolis monticules, sortis du sein de l'onde, conservent les ruines presque imperceptibles de Thennis et Thouna. On cherchera bientôt, en vain, les vestiges de ces anciennes villes. Les uns, en réfléchissant mûrement, les croiront ensevelies dans la boue; et d'autres, au contraire, nieront leur existence. Les restes

d'édifices

d'édifices de tant de Peuples fameux, et les objets frappans qui sont autour de vous, fixent un instant l'imagination. En portant des regards attentifs sur ce grand tableau, on s'apperçoit que ces lieux furent soumis aux révolutions du temps et des hommes. L'encombrement du canal et de la Bouche Pélusiaque prouvent que les déserts se sont avancés d'orient en occident. Des changemens opposés dans la nature formèrent une plaine aquatique d'une plaine fertile. Toutes ces variations surprenantes, réunies aux guerres malheureuses, décidèrent du sort de Tennis, de Thouna, de Péluse, de Bubaste et des plus belles contrées de l'Egypte.

Des multitudes infinies de poissons roulent, en tourbillons, dans les flots. Des nuées considérables de canards en couvrent la surface. C'est encore, dans ce magnifique bassin, le lieu chéri des Ibis, des Oies sauvages, des Pélicans, des Poules d'eau, des Flamans, des Sarcelles et des Pluviers.

Quel agrément et quelle utilité ce Lac ne procure-t-il pas, dans ce moment, aux Egyptiens! La nature admirable par la sage distribution de ses étonnantes merveilles, pouvait-elle choisir une égout plus favorable aux eaux surabondantes de l'inondation? Prévoyant aussi la stagnation nuisible, le croupissement des ondes amoncelées, la corruption inévitable d'un vaste marécage, elle voulut y établir une communication perpétuelle. A l'instant, un passage fut ouvert à la Méditerranée, et ses eaux se mêlèrent à celles du Lac.

Je vis, à la partie orientale, les ruines de Péluse. C'est-là que le Grand Pompée alla chercher une asile après la bataille de Pharsale.

Les lâches Souverains de cette Capitale eurent la barbarie de lui faire trancher la tête. L'Armée de la belle Cléopâtre et celle de son frère étaient campées, en présence l'une de l'autre, entre Péluse et le Mont-Cassius. Ils applaudirent aux assassins du malheureux guerrier. César versa des larmes sur la tombe de son rival, et termina sa glorieuse campagne par la conquête de l'Egypte.

Péluse, comme ville frontière, fut souvent le théâtre de la guerre. Antiochus d'Epiphanes, fils d'Anthiochus-le-Grand, roi de Syrie, s'est rendu, deux fois, maître de cette Cité célèbre. Il emporta, dans son royaume, ses vases d'or et ses plus belles idoles. Octavien César, le vainqueur d'Antoine, et d'autres fameux conquérans l'ont prise et dépouillée tour à tour. Les marques de Péluse seront bientôt effacées Nous pourrons alors dire d'elle ce que M. Bruce dit de Memphys : *periere ruinæ.*

Je ne puis m'empêcher de faire connaître

avec quel plaisir on va promener sur le sable planiforme qui sépare la Bouche Tanitique de la mer. Le soleil fait tomber ses brillans rayons de la voûte azurée ; un air vif et perçant tempère l'ardeur de l'atmosphère ; les vagues jettent sur vos pieds mille coquillages fort jolis. Naturalistes curieux, approchez de ce lieu fortuné ! La nature féconde s'épuise en beautés, et travaille pour vous. Elle est aussi sublime dans son art que grande dans ses largesses. Je me montrai à peine sur le rivage que des monts de cristal s'avancèrent mollement pour me porter le fruit de ses travaux. Je reçus, avec enthousiasme, un cancre pétrifié dans toute son intégrité. Sa forme, ses traits, sa couleur étaient conservés avec autant de fraîcheur que de vivacité.

L'historien se mit en route en examinant cent fois l'animal précieux.

On eut bientôt atteint l'ouverture de cette Bouche. Nous suivîmes alors le bord de la mer, et nous débarquâmes, dans trois heures, à Thineh.

Ces trois lieues de mer ne peuvent se faire, ainsi qu'à Manzaleh, sans bateaux plats. On trouve moins de quatre pieds d'eau jusqu'à deux mille toises de la côte. Cette plage est aussi propre au commerce de l'Egypte qu'elle serait dangereuse au débarquement de l'ennemi. Les ondes font continuellement un murmure affreux, et l'on ne peut aborder, sans péril, à aucun autre endroit qu'à Thineh.

Une perpendiculaire, menée entre Suez et Thineh, diviserait l'Isthme en deux parties égales. Cette ligne passerait précisément entre Ssaléhhyeh et Katier. C'est-là que devrait être creusé le canal si souvent tracé pour la communication de la mer Rouge avec la Méditerranée.

Il n'est qu'une Nation très-puissante qui pût mettre ce beau projet à exécution. Les obstacles ne sont pas invincibles : on n'appréhende plus aujourd'hui le débordement désastreux d'un nouveau déluge occasionné par la pente du sol et le défaut d'équilibre. Plusieurs années de travaux et des milliers de bras infatigables porteraient les noms de l'architecte et du physicien à l'immortalité.

Kléber partit, le 22 pluviose, de Thineh. Nous arrivâmes, à travers de tas de sable, dans quatre heures à Katier. Un désert immense entoure ce mauvais Fort. L'eau des citernes est très-saumâtre, et le sejour de la garnison extrêmement misérable. Nous fîmes, le 23, une journée de sept lieues, pour coucher sur le bord d'un puits d'eau salée. Quelques dattiers solitaires se présentaient rarement dans le lointain, et le sable resplendissant fatigait la vue.

Le 24, un beau chemin découvert, et la

chaleur modérée de la saison rendait la soif supportable. Ma vue se perdit, pendant cinq heures, dans une vaste plaine de coquillages.

Les partisans de Talliamed trouveraient ici de grands matériaux, et feraient revivre l'hypothèse erronée de la diminution de la mer. On pourrait, avec les lumières que nous avons acquises, travailler, avec succès, sur cette importante matière, et développer le dernier systême avec plus de clarté. L'homme savant et l'observateur réfléchi, qui s'occuperaient à parcourir les régions du globe que la mer abandonne, celles qui passent successivement sous sa domination, découvriraient, sans doute, la véritable direction de sa course tardive, la régularité perpétuelle de son mouvement, le nombre de siècles d'une mutation déterminée, et donneraient le dernier coup de pinceau. On verrait peut-être que, par un ordre suivi, soit du Nord au Midi, soit de l'Orient au Septentrion, soit en spiral, les deux pôles du monde reçoivent tour à tour la masse universelle des eaux. L'homme a déjà de grandes idées par les nouvelles découvertes; mais les opinions sont extrêmement divisées. Il faudrait nécessairement se trouver sur les lieux, parcourir la terre et l'onde, examiner les coquillages qui couronnent les plus hautes montagnes, en suivre pas à pas les traces, savoir sur-tout si, lorsque la mer s'est éloignée d'un endroit, elle ne revient pas sur elle-même, et qu'elle poursuive ainsi ses révolutions et sa course ordonnées. On ne disputerait plus alors sur la première ville qui fut bâtie, ni sur ceux qui inventèrent les sciences et les arts.

Nous campâmes, le 24 au soir, à deux lieues d'El-Arich. La troupe se désaltéra dans un excellent puits d'eau douce, et je m'endormis au bruit lugubre de la Méditerranée. Nous apprîmes, au point du jour, que le Général Reynier s'était battu contre les soldats de Diezzar. On le vit paraître, comme le tonnerre, devant El-Arich, et assomma les Turcs jusqu'aux portes du Fort.

L'ennemi, du haut des remparts, fit pleuvoir une grêle de balles, et le fit battre en retraite. On vint à notre rencontre, demander du secours. Reynier se trouvait, depuis deux jours, entre El-Arich et le camp des Mameluks d'Hybrahim-Bek. Kléber doubla sa marche, et se trouva, dans une heure, devant l'ennemi.

Les Mameluks devaient nous attaquer le lendemain. On ne les attendit pas. Les deux Divisions réunies tombèrent, à une heure après minuit, sur leurs postes endormis. Le champ de bataille ressembla bientôt à un vaste cimetière. Nous trouvâmes des magnifiques tentes brûlées, des trésors cachés dans des flots de sang, et mille drapeaux dorés brisés dans la poussière.

Les autres Divisions étaient encore dans l'Isthme du Suez ; le Quartier-Général partait du Caire ; Bonaparte laissa le Général Dugua commandant de l'Egypte.

Siége d'El-Arich.

L'Armée Française réunie faisait, le 2 ventose, le siége d'El-Arich, et fermait hermétiquement toutes les avenues. La batterie de brêche fut placée à quinze toises du Fort. Les Mahométans, effrayés de nos dispositions, et voyant leurs murs rouler en lambeaux dans la tranchée, nous proposèrent la Place pour cent mille écus. Bonaparte renvoya le parlementaire, fit à la forteresse de nouveaux délabremens, et somma, pendant deux fois, l'ennemi de se rendre. Les Turcs intimidés se déterminèrent, après plusieurs conférences, à se livrer aux Français.

Ne pensons pas que le seul motif de leur principale détermination ait uniquement consisté à recevoir les honneurs de la guerre. Il fallut leur montrer, en lettres d'or, le passage sacré du Koran, qui dit de connaître, dans les traités, la renommée des armes de leur rival, et de céder réligieusement au vainqueur.

Les talens d'un Général doivent non-seulement briller dans l'art de la guerre, mais encore dans celui de la connaissance des hommes. Combien de fois n'a-t-on pas vu le fanatique outré braver, d'un air riant, la foudre qui fait trembler la terre, et se précipiter, avec enthousiasme, dans les plus affreux abîmes? Combien de fois un seul mot, une heureuse présence d'esprit arrêta de grandes armées, et chassa le soldat des places imprenables.

Les Turcs sortirent du Fort, le 2 ventose, avec les honneurs de la guerre. Ils défilèrent, depuis neuf jusqu'à dix heures du soir, devant nos légions. Le bruit du tambour et la musique des Demi-Brigades les accompagnèrent jusqu'au Quartier-Général.

Laisser à chacun l'entière liberté de se retirer dans sa patrie avait terminé nos accords. Ils jurèrent, au nom de Mahomet, de ne plus servir Diezzar, tant que nous serions en guerre contre lui, et quantité de Moghrabins s'enrôlèrent avec nous.

On trouva, dans le Fort, beaucoup de munitions de bouche. Notre situation demandait les plus prompts arrangemens. La viande de chameau et deux onces de riz, par individu, faisaient, depuis trois jours, la nourriture de l'Armée.

El-Arich est la clef de la Palestine et de la Syrie. Il se trouve bâti sur le sable, entouré de quelques maisons, et en face de la mer. Sa forme imite celle des Forts des anciens Romains. Mille hommes de garnison pourraient le défendre avec succès. Je plains bien le soldat que le sort y destine. Les Arabes les plus accoutumés aux injures du temps et à la mauvaise nourriture, en éloignent souvent leurs tentes. Le germe de la peste s'y développe chaque année, et le tableau de la mer, trop souvent ennuyeux pour le navigateur, devient ici l'unique distraction de l'habitant du Fort.

Le Général en chef partit, le 4 ventose; il continua sa marche dans le désert. Je vis, le lendemain, les deux petites colonnes qui séparent, dit-on, l'Afrique de l'Asie. Un puits très-profond est creusé vis-à-vis, au milieu d'un terrain uni.

Hybrahim-Bek se montra, le troisième jour, à la hauteur de Gaza. Sa cavalerie attendait les Français. Kléber fit la première attaque. Le Général Murat, commandant la cavalerie, s'élança sur les Mameluks; ils refusèrent le combat, et nous entrâmes victorieux dans la ville.

Elle est située dans un fonds d'oliviers, à une lieue de la mer. Ses fortifications ne pourraient pas soutenir un siége de vingt-quatre heures. Les habitans affables perdent déjà l'air sombre et le teint cuivré des Egyptiens. Le fier Samson, cet Hercule fameux, fit là les plus belles actions de bravoure et les traits les plus frappans de son histoire.

C'est aux environs de Gaza que Ptolémée-Philopator et sa femme Arsinoë battirent, à la tête des Egyptiens, l'armée innombrable d'Anthiochus-le-Grand. Gaza fut encore le lieu où Lathyre, fils de Physcon, long-temps après avoir été chassé du trône d'Egypte, fut s'arrêter avec une armée de trente mille hommes. Sa mère Cléopâtre fit une descente en Palestine pour l'écraser ; mais elle échoua dans ses projets.

Nous campâmes, pendant trois jours, en rase campagne. La pluie tombait à grands flots; la grêle et le tonnerre rappelaient aux Français l'humide séjour de leur patrie.

Le 9 ventose, un beau soleil favorisait notre départ. L'Armée abandonna les déserts, et traversa des campagnes riantes. Des petites rivières coulaient, en vingt endroits, avec un doux murmure. L'artillerie se traînait avec de pénibles efforts, et plus de trente chameaux restèrent enclavés dans la boue.

Bonaparte dirigea ses phalanges vers Ramlek, entra dans un couvent de prêtres schismatiques, et prit à Diezzar un grand magasin de subsistances.

Nos cavaliers étaient à l'avancée : j'entendais déjà le canon de Jaffa. Kléber fit, le 14, le blocus de la ville, et proposa, en vain, des arrangemens au Pacha. Il se porta, sur le soir, au-delà de la Haya, rivière distante d'une lieue, pour observer les mouvemens de de la Syrie. Les Généraux Bon et Lasnes prirent sa place, et cernèrent la ville Reynier masquait le siége aux avenues de Ramlek. Le 16, les Turcs firent, avant midi, une vigoureuse sortie ; les Français les repoussèrent.

La batterie de douze fut braquée au midi de Jaffa. Le 17, les canonniers battirent en brêche. Les remparts furent percés vers le bas, et cette ouverture ne pouvait recevoir deux hommes de front. Les grenadiers des 22.e et 69.e Demi-Brigades se montrèrent, leurs premiers pas furent arrêtés par la mort. L'intrépidité soutenue des Français éblouit, par je ne sais quelle terreur, les Mahométans. Enfin, nous nous fîmes jour dans la ville. Une foule éperdue, déconcertée, laissait tomber ses armes devant un seul républicain. Les uns se cachaient dans les tours, les autres se précipitaient dans des bateaux ; et le peuple demandait pardon aux genoux du vainqueur. La ville fut livrée au pillage, et trois mille hommes, qui s'étaient laissés prendre les armes à la main, furent passés au fil de l'épée.

Bonaparte, fatigué de voir répandre le sang, fit grace à quelques-uns. Kléber eut ordre d'en disposer Ce Général les harangua ainsi : *entrez dans vos familles, faites savoir aux habitans des villes, villages et campagnes que nous ne voulons point détruire les cultes, ni le peuple; que nous ne faisons la guerre qu'aux Mameluks et à Diezzar ; et que tous ceux qui prendront les armes contre les Français, seront empalés et brûlés vifs.* Les prisonniers, fondant en larmes, baisaient les mains et les pieds de Kléber. Chacun jura, au péril de sa vie, de se retirer en paix dans sa patrie, de nous venger plutôt que de s'unir à nos ennemis, et de crier à haute voix, par-tout où ils passeraient, combien nous étions dignes de les gouverner.

La ville de Jaffa est bâtie en amphithéâtre, sur le bord de la mer, défendue par de petits forts, environnée de tours, et renfermée dans de faibles remparts. La nature y creusa un port pour le mouillage des bâtimens marchands. La ville est dominée, à gauche, par un monticule où était la batterie de brêche. Nous y trouvâmes de fort belles pièces de campagne, des mortiers, des obusiers de France, d'Allemagne et de Constantinople; tous les magasins abondamment fournis de munitions de guerre, de bouche et quinze cents outres.

Il est vraisemblable, d'après tant de prépatifs, que le Grand-Turc faisait agir Diezzar pour envahir l'Egypte.

Le 24 ventose, les Divisions levèrent le camp de Jaffa. L'Armée se trouva réunie, le soir, à la hauteur de *Kakoun*. Nous apperçûmes, le 25, la cavalerie ennemie. Le Quartier-Général et la première Division volaient à la victoire, Hybrahim-Bek prit la fuite.

La Division Lasnes s'engagea dans les gorges de Naplouse. Les Naplousains descendirent, en torrens, du haut des montagnes, et la forcèrent à reprendre sa direction. Bonaparte ne voulut pas s'opiniâtrer avec ces féroces campagnards. Le désir d'atteindre Hybrahim-Bek et Diezzar lui fit mépriser une nouvelle affaire, et nous fûmes coucher trois lieues plus loin le long des montagnes.

Le 26, l'Armée s'en éloigna en obliquant vers la mer. Bonaparte dressa sa tente au sommet du mont le plus élevé, et toutes les Divisions campèrent autour de lui, dans le fameux bois de *Quaiserie*.

Le 27, l'Armée appuya sur la mer pour s'emparer de Caïfa. Elle suivit le pied des montagnes, et s'y présenta le soir. Quel doux plaisir de voir tous les habitans venir à notre rencontre! Ne nous outragez pas, disaient-ils, ne pillez point nos maisons, respectez nos femmes, et la ville vous sera rendue. Kléber y entra sous ces justes conditions.

Caïfa s'élève, en présence de la mer, au

pied du Mont-Carmel (1). Les vagues mouillent continuellement ses murs. Elle est protégée par un mauvais Fort, et a deux mille ames de population. Nous y trouvâmes des vastes magasins de blé et autres provisions, appartenant aux Anglais.

J'appris, le même jour, qu'une expédition envoyée de Suez à Cosséir, avait été massacrée, sur la mer Rouge, par les Meckins. Ces ennemis imprévus, au nombre de 5000, s'emparèrent les premiers de Cosséir, et volèrent dans la Haute-Egypte. Ils couraient sur nous avec d'autant plus d'acharnement, qu'ils avaient traversé la mer la plus orageuse pour cause de religion.

Osman-Bek, instruit de leurs projets, s'était réuni à eux, depuis le 15 ventose, sur le Mont Mokattan.

Les Français de la Djierme l'*Italie* et de plusieurs autres barques qui se trouvaient sur le Nil, devant Benout, furent taillés en pièces. Les Chrétiens étaient des monstres aux yeux des fanatiques de la Mecke.

---

(1) C'est sur ce Mont que le Roi Achab fit assembler, par le conseil d'Élie, tout son peuple avec quatre cent cinquante Prophètes de *Baal*, pour sacrifier des bœufs au Dieu d'Abraham, d'Isaac et de Jacob. Saül y fit ériger un arc de triomphe après sa victoire sur les Amalécites.

Le Général Belliard, instruit de leur présence, ainsi que de ces affreux massacres, fut à leur rencontre, quoiqu'il n'eut que mille hommes à leur opposer. La forte armée des Mekins venait à lui de Benout. Les Français attaquent, les Meckins font face. Les Mameluks d'Osman-Bek étaient tranquilles spectateurs du combat. Belliard redouble le feu; les Meckins, ayant déchargé leurs fusils *à mèche*, mettent le sabre à la main. Les Français présentent leurs baïonnettes : leurs adversaires soutiennent le choc avec la plus froide opiniâtreté. Nos baïonnettes sont poussées avec une violence extrême, et chaque secousse imprime les traits de la mort. Les Meekins ébranlés reculent, mais en soutenant très-audacieusement leur retraite. Belliard les force dans le Château de Benout : des cris épouvantables s'y font entendre. Le Général résolut de le faire brûler : des hommes décidés osèrent en approcher, et furent victimes de leur étonnante bravoure. Cependant le feu prit, le Château s'embrâsa, et les ennemis, forcés de sortir de leurs retranchemens, se sauvèrent dans les campagnes à travers les flammes. Nous trouvâmes des morts calcinés dans les appartemens. Il est impossible de calculer les riches étoffes et le café que les soldats trouvèrent sur la route de Cosséir à Benout.

Le Général Désaix, en apprenant cette nouvelle, chargea le Général Belliard de l'expédition de Cosséir. L'exécution en fut si prompte, qu'on ne mit que trois jours pour y arriver. Deux vaisseaux anglais voulaient le reprendre. Les boulets qu'ils y envoyèrent pendant deux fois vingt-quatre heures, nous servirent à bien approvisionner la Place que nous rendîmes imprénable.

Le Chérif de la Mecke écrivit, quelque tems après, à Bonaparte qu'il n'avait pas eu connaissance de cette armée, et que ses vœux les plus ardens se réduisaient à l'amitié, au commerce et à la paix la plus profonde avec les Français.

Le Général en chef eut porté, dans toute autre circonstance, le fer et le feu à la Mecke; l'état où se trouvait alors l'Egypte, le força à tout oublier.

L'Arabie-Heureuse envoya du café, des étoffes de Perse et beaucoup d'autres marchandises à Cosséir; Bonaparte les remplaça par du blé; et le commerce se fit toujours sans interruption.

Assassinat de la Garnison de Damanhour.

Les Mekins, qui avaient échappés à la bataille de Benout, passèrent sur la rive occidentale du Nil, et ravagèrent, comme un torrent, toute la Haute-Egypte. Après avoir attaqué

taqué, dans leur passage, les garnisons de *Girgé*, de *Sciouth*, ils se précipitèrent autour de *Miniet*. Les Français les repoussèrent pendant trois fois, et pendant trois fois ce ne fût qu'un horrible carnage. Le débordement reprit encore son cours ; la Basse-Egypte en fut inondée. Ces implacables ennemis entraînèrent avec eux tous les Arabes du désert de la *Bébirech*, et les flots irrités s'agitèrent jusqu'à Damanhour.

La garnison de cette Place avait à craindre l'orage du dehors, et les torches de la vengeance allumées dans les mains des habitans. Outrés des vexations qu'ils éprouvaient de la part de quelques Français, à l'insçu de Bonaparte, ils profitèrent de cette circonstance pour assouvir leur rage. Ils ouvrirent leurs portes aux Meckins, et cent cinquante hommes de la garnison furent égorgés.

Quatre cents soldats de Rhamanieh marchèrent, à ce bruit, sur Damanhour. Ils furent arrêtés par les Meckins et les Arabes, au nombre de quatre mille. Ces brigands accouraient en désespérés sur notre artillerie. Nous fûmes forcés à retrograder ; mais cette retraite nous valut une victoire complète.

Les républicains, sur plusieurs rangs, se repliaient sans cesse vers le Nil. Ils ne s'arrêtaient que pour charger à mitraille quatre pièces qui étaient rechargées pendant qu'ils faisaient le feu de file. Une aussi belle manœuvre les conduisit dans un champ de blé que les paysans incendièrent. Nous passâmes au milieu des flammes pour arriver sous le Fort *Khamanieh*.

On ne pourra jamais croire, malgré la vérité la plus authentique, que nous n'ayons perdu que deux soldats, et l'ennemi douze cents hommes.

Notre tâche n'était pas remplie. Rien ne devenait plus dangereux que de laisser grossir le noyau de Damanhour.

Le Général Lanus vint nous renforcer, de Rhamanieh, à la tête de trois cents hommes. Cette augmentation de troupes et de trois pièces de 4 fit remplacer le nombre par la valeur. Les ennemis furent mille fois mis en déroute. Lanus entra dans Damanhour, et mit tout à feu et à sang.

SIÉGE D'ACRE (1).

L'Armée Française, encore ombragée des frais lauriers des conquêtes des deux Egyptes et de la Palestine, se présenta, le 28 ven-

(1) Cette ville fut long-temps le Siége des Rois de Jérusalem. Les Chevaliers Teutoniques y avaient pris leur origine. On sait qu'ils forcérent les Peuples de la Prusse et de la Pologne à faire profession du Christianisme.

tose, sous les murs qu'habitait l'intraitable Diezzar.

Bonaparte poursuivit, du matin au soir, Hybrahim-Bek et la cavalerie de Damas. Il traversa les hautes montagnes d'Acre ; des monts infiniment plus éloignés protégèrent la fuite des ennemis.

L'Escadre Anglaise débarqua des troupes dans la ville. Bonaparte disposa aussi son artillerie. Les vaisseaux et les baïonnettes formaient une zône sinistre autour des remparts.

Les Chrétiens se rendaient en foule sous nos tentes, en nous apportant ce que la Syrie peut fournir de bons alimens. Je ressentis, plus que jamais, la douceur et l'amabilité qu'une Religion pure et pleine de candeur inspire nécessairement aux nations qui l'ont adoptée. Je croyais voir le Peuple de Dieu. Chacun s'empressait à dévancer les autres, à maudire Diezzar, et à baiser les mains de Bonaparte.

L'Armée dévorait les mets succulens de ce climat, se désaltérait aux fontaines argentées, et buvait le doux nectar des côtaux riants du Jourdain.

Les Anglais nous prirent, le premier germinal, trois bâtimens chargés de munitions destinées pour Caïfa ; le quatrième arriva heureusement au port. Smith osa lui envoyer à l'abordage une chaloupe canonnière. La 25.e, de garnison ans cette Place, paraît sur le rivage, et se précipite dans les flots. Son intrépidité glace le sang des matelots, et la chaloupe se rend prisonnière sous les yeux et à la honte de l'orgueilleux rival.

Bonaparte s'occupait alors sérieusement du siége. On mit, le 6 germinal, la dernière main aux boyaux. Les travaux des batteries étaient déjà bien avancés.

Qu'on se figure, pour concevoir le plan d'attaque et les différentes positions des lieux, Acre au milieu d'un triangle scalène, dont deux angles mouillent dans la mer, et le troisième regarde les montagnes. La rade est située au midi de la ville; les Français y opposèrent une batterie. Au côté du triangle qui répond au nord, sont des jardins nombreux, la fin des aqueducs et quelques maisons de campagne. La véritable batterie de brêche se trouvait à quarante pieds des remparts, entre les deux tours les plus éloignées de la mer.

L'artillerie de campagne de Jaffa, deux pièces de 12, et deux mortiers de 250 furent d'abord nos plus forts moyens. Comment soutenir, avec si peu de ressources, les coups foudroyans des avisos, des chaloupes canonnières, des bâtimens de guerre, des remparts, des tours et des forts?

Au déclin du jour, la sortie la plus imprévue fit paraître les Turcs comme des lions acharnés. Leur impétuosité surprit les travailleurs de la tranchée.

Reynier, qui était en observation, fit aussitôt avancer un renfort considérable. Dans cet intervalle, les travailleurs trouvent des fusils, se rallient, battent le pas de charge, et reprennent, à travers des flots de sang, le poste enlevé.

Les ténèbres obscurcirent l'horison. Diezzar fit allumer, au haut des tours, sur les remparts et à l'extrémité des *Minarets*, des mêches ardentes qui produisirent un grand éclat dans la ville et les environs.

Le 8, le bombardement fit des grands ravages et força le peuple à camper dans les places publiques. Le féroce Diezzar crut assouvir sa vengeance en faisant trancher la tête aux négocians Européens.

Les Grenadiers des 32.e, 18.e, et toute la Division Kléber se portèrent, dans la nuit, sous les remparts ; ils se retranchèrent derrière les aqueducs. Ce voile, impénétrable aux yeux des sentinelles des plus hauts *Minarets*, est à 20 pieds de la grande tour. Les bombes, en vibration sur nos têtes, annoncèrent, au point du jour, le réveil des Mahométans. On eut dit que Mars présidait dans le Château de Diezzar ; Neptune et Bellone sur la Méditerranée. Le feu des remparts, des tours et de l'Escadre était insupportable.

Les canonniers de Bonaparte faisaient brêche,

la batterie du midi coulait à fonds les *avisos* Ottomans et les bâtimens Anglais.

Alors la foudre éclata de toutes parts. Les Français impétueux battent la tour la plus saillante ; la masse colossale ébranlée allait rouler dans la tranchée, lorsqu'un fâcheux accident démonta nos pièces, et fit renaître le calme.

Le Général de Génie, Caffarelli, fait miner la tour; l'orage recommence. Les sapeurs travaillent sous une pluie de feu. La mine saute; l'assaut est impérieusement ordonné. L'intrépide soldat court autour des remparts. Le Général Laugier épuise sa valeur. Au milieu de la troupe, une échelle à la main, il s'élance à la brêche. Les Turcs, du haut des tours, frappés de son courage, dirigent sur lui seul les traits les plus perçans. Laugier porte la mort jusques sur leurs murailles. Il perçait la foule, quand un Musulman l'arréta. Sa chûte fut profonde, et il expira dans un fleuve de sang. Kléber se défendit encore quelque temps sur un tas de cadavres.

Les Turcs firent, deux jours après, une nombreuse sortie ; ils s'avancèrent jusqu'au souterrain d'une nouvelle mine. Les Français bravèrent le feu des remparts, forcèrent leurs adversaires la baïonette aux reins, et restèrent seuls sur le champ de bataille.

Les soldats ramassèrent, le lendemain, 1200

boulets que la Flotte Anglaise nous avait envoyés. La nouvelle mine, en état de sauter, décida Bonaparte à battre encore en brèche.

La colonne de grenadiers de chaque Division se rendit, à neuf heures du matin, derrière les aqueducs. La batterie de brèche réorganisée fit sa première décharge. Au même instant, la mine s'embrâse, le devant de la grande tour est enlevé, tombe avec fracas, et remplit les fossés. Plusieurs Musulmans roulèrent dans le fonds des décombres. Les soldats applaudirent, et crurent appercevoir, dans la tour, l'entrée de la ville. Aucun Turc ne pouvait plus l'aborder, et nous employâmes, sous le plus terrible bombardement, le reste de nos boulets. Jamais le feu n'a été plus ardent; tous les moyens d'attaque de Bonaparte furent dirigés sur la tour, et la dernière décharge fut le signal de l'assaut.

Nos troupes croyaient avoir franchi la tour et forcé les barrieres. Une Compagnie de la quatrième Demi-Brigade s'agite sur la brèche. Les Ottomans fermes et courageux semblent faire leurs derniers efforts. La fusillade bien nourrie et le sifflement des pierres n'arrêtent pas les braves Français. Les plus hardis se disputaient, avec une intrépidité inouïe, le pas de la gloire. Chacun grimpe précipitamment, la foule se presse; elle veut avancer. Un obstacle invincible met un terme à leurs violents efforts. J'entends crier : *ô fatalité ! flatteuse espérance trompée ! désir ardent inaccompli !* A ces cris redoublés, la troupe se déconcerte, voit la tour barricadée ; vingt bombes à l'instant embrâsent l'atmosphère. Les Français plus étonnés frémissent et s'arrêtent.

Du 18 Germinal.

Les Anglais et les Turcs, au nombre de huit cents, sortirent, deux heures avant le jour, de l'angle de la ville qui répond au midi. Ils enfilèrent nos boyaux dans le plus profond silence. Les Anglais tiraient déjà le plan d'une mine récente qui conduisait sous la grande Tour, et les Turcs s'approchaient des aqueducs.

Les Français se trouvent peu à peu incorporés dans les rangs ennemis. Les deux nations belliqueuses reconnues s'attaquent avec fureur. On ne se borne pas à la fusillade assez meurtrière, l'adresse et la force des baïonnettes portèrent des coups plus prompts et plus sûrs. Ces implacables rivaux fouillaient les flancs des morts, à la faible lueur des ténèbres. Les Anglais battus lâchèrent prise ; et les Turcs, prêts à se rendre maîtres d'une pièce de 4, tombèrent à nos pieds ; Bonaparte les bloque entre les Forts et nos *boyaux.*

Diezzar allarmé paraît sur son château, et protège leur retraite par plusieurs décharges des remparts. Cent Anglais ou Musulmans et dix-huit Français restèrent dans les fossés. Le lever du soleil couronna de ses brillans rayons la tête des vainqueurs.

Bataille de Nazareth.

Le 19, la Cavalerie des différens Pachas de Syrie se présenta devant un nouveau poste.

Les ennemis, au nombre de trois mille, crurent exterminer, à la minute, trois cents fantassins et cent cavaliers. Les Français étaient supérieurement retranchés sur les hauteurs.

La cavalerie s'avance en caracolant ; elle nous charge et fond sur le quarré. Le feu le mieux nourri, les baïonnettes croisées et cent Dragons brûlans soutiennent ce terrible choc.

Les premiers rangs lâchent prise ; des escadrons plus nombreux prennent leur place, et chargent à leur tour. Un feu perpétuel leur fait résistance.

Ils attaquent avec plus de violence. Les Républicains sont impénétrables. Les Ottomans pressent leurs rangs : plus ils se compriment, plus il en tombe ; plus il en tombe, plus ils en remplacent. Nos cent Dragons crièrent : *Grenadiers, jusqu'à la mort.* Les Grenadiers répondirent ; *Dragons, jusqu'à la mort.*

La montagne fut couverte de cadavres : le sang rougit le sol. La nuit nous enveloppa de ses ombres, et l'ennemi nous laissa une libre retraite. Les Français eurent beaucoup de blessés ; mais la perte des Musulmans fut considérable tant en hommes qu'en chevaux.

L'honneur de cette mémorable journée appartient au Général Junot, et au Chef de Brigade Denoyer.

VOYAGE SUR LE JOURDAIN.

Volney décrit assez exactement la Syrie depuis Acre jusqu'au Jourdain. Je me permets seulement de réunir ses couleurs en un seul tableau.

En montant d'Acre à Nazareth, de nombreuses vallées étalent leurs beautés aux pieds de riants côteaux. Les montagnes les plus élevées laissent balancer des vieux chênes, et sont couvertes de gras paturages ; la verdure couronne les limpides ruisseaux. Quand les feux étincellans colorent le ciel, la nature y sourit, les oiseaux des bois y font leur ramage, et les accents les plus doux retentissent à l'entour.

Les couleurs variées des fleurs, le doux murmure des eaux et les parfums amoureux forment cette agréable harmonie qui meut tous les sens à la fois.

Le bétail varie encore la beauté des champs. On voit le jeune taureau humer le doux zéphir, déployer ses forces vigoureuses, courir et s'agiter avec transport ; l'agile chevreuil et le tendre agneau bondir tour à tour sur un vif et vert gazon.

De Nazareth à la plaine d'Ezdielon, et du Mont-Thabor à Tabariéh ce sont les mêmes charmes pittoresques ; mais Bacchus préside particulièrement à *Saffet*, et colore les bords du Jourdain.

Nazareth se trouve dans un vallon, à dix lieues d'Acre. Le plan de la ville fut donné par des artistes moins ignorans que les architectes Turcs. Les maisons, peu élevées, reçoivent le jour par des fenêtres à la française. Elles ne sont point obscurcies ni dégradées par ces mornes grilles de bois pourri, ou de briques couvertes de poussière, comme celles des Mahométans.

Le couvent de l'Ordre de Saint-François, de forme quarrée, est situé au bas de la ville. Les Espagnols, pour mettre la chrétienté à l'abri des incursions des Arabes et des soulèvemens des Turcs, le firent entourer de murs très-élevés, et le fermèrent avec des portes de fer.

L'église, aussi de forme quarrée, est ornée par des orgues magnifiques. La Sainte-Vierge est si bien peinte sur le verre, derrière le

Grand-Autel, qu'on croit voir les yeux et la figure de la plus jolie femme qui gisse dans l'imagination. Les pleurs qui semblent couler sur ses joues, et la pudeur répandue sur tout le portrait, rendent encore plus intéressant l'objet qu'on admire.

On trouve, dans le souterrain de l'Eglise, le lieu où la Vierge reçut dans son sein le Fils de Dieu. Les habitans de Nazareth se transmettent, de génération en génération, qu'il était beau comme le jour. L'Ange Gabriel annonça la Conception à la chaste Marie dans l'endroit où est gravé sur une pierre de marbre blanc : *Verbum caro hìc factum est.* Nazareth a quatre mille ames de population. Les Schismatiques et les Maronites en forment plus des trois quarts.

Les Mahométans n'occupent qu'un très-petit coin de la ville. Tous les hommes parlent fort bien l'Italien. Le sexe est charmant et joli. Les demoiselles ont la peau blanche, les yeux noirs, la taille svelte, une délicatesse de traits et une fraîcheur de teint inexprimables.

Le prince Daher y fait, en paix, sa demeure : je l'ai souvent visité. Il est mis très-simplement, fort affable, et gardé par soixante cavaliers à sa solde. Il se rendit utile aux Français, et ne paraît pas, comme on le croit, regretter la place qui fut usurpée à son père. C'est à Nazareth que Jésus-Christ entreprit de changer la face de la terre, en y introduisant un culte nouveau.

Le Mont Tbabor est élevé au milieu de la plaine immense d'Ezdrelon, en forme de pain de sucre, et domine les montagnes voisines. Son extrêmité la plus éminente supporte un couvent de Moines Maronites (1).

Tabariéh, ville célèbre dans l'Ecriture-Sainte, est situé sur le Lac Tybériade, ou mer de Galilée. Il est entouré de faibles remparts, et défendu par un petit Fort.

Le Lac Thybériade rappèle encore aux Chrétiens le siècle d'or et le temps heureux où l'homme vivait sans culture. Cette mer, formée par l'eau limpide du Jourdain, n'est jamais agitée, et conserve toujours le doux calme céleste.

Saffet, l'ancienne Bétulie, est un petit village, situé sur le penchant d'une montagne, avec un Fort imprenable. Il faisait, avec le Jourdain, les bornes de nos frontières. Judith décapita, sur ces rochers escarpés, l'intrépide Holopherne. L'histoire rapporte que cette femme courageuse porta la tête ensanglantée de l'ennemi de son pays, dans Béthulie, pour l'exposer aux yeux des assiégeans.

---

(1) C'est là que Débora ordonna à Balac de combattre Sisara. On croit que Jesus-Christ fut transfiguré sur cette montagne.

Bataille de Chanaan.

Du 22 Germinal.

Les Musulmans se rendaient en Galilée. Kléber les apperçoit, le 22 germinal, sur les hauteurs de Chanaan. Les cavaliers ennemis, au nombre de 5000, firent un mouvement. Les dispositions de toutes parts, annoncèrent le choc des deux armées.

Cette troupe vagabonde, feignant de se disputer déjà les lauriers de la victoire, gesticulait avec insolence, faisait de terribles écarts, et soulevait des tas énormes de poussière.

On s'élance ; on s'arrête ; des cris menaçans percent les airs. Hybrahim-Bek cerne le quarré. Une seule compagnie de Grenadiers présente les baïonnettes, pare ses coups précipités, riposte avec une valeur étonnante, et soutient merveilleusement la charge. Kléber, défiant sans relâche son rival, et voyant que l'ennemi l'évitait, se porta sur la hauteur de l'aile droite.

Les Ottomans craignaient qu'on leur tendît un piège. La plus ridicule fanfaronnade se termina par une grande indecence. Très-charmés dans le fond de leur ame, de se retirer comme des lâches, ils voulurent en vain masquer cette humiliation. Je les vis s'en aller au milieu du plus vif emportement. Chaque corps de cavalerie, en aversion l'un contre l'autre et très-profondément piqué, en apparence, par l'aiguillon de l'animosité, se séparait en ennemi irréconciliable. Plusieurs escadrons se retirerent vers Damas. Gerard, chef des Naplousins, trottait sur les montagnes. Hybrahim-Bek et la cavalerie de Diezzar prirent des routes différentes.

Bataille du Mont-Thabor.

Le 27 germinal, un parti puissant et formidable rallia nos ennemis. La Dynastie de toute la Syrie se coalisa définitivement contre les Français. Les Pachas d'Alep et de Tripoli, qui semblaient garder la neutralité, grossirent le nombre des sectateurs de Diezzar. Ils s'assemblèrent dans la plaine d'Esdrelon.

Kléber n'avait que quinze cents hommes, et se vit au centre des ennemis à six heures du matin. La plaine était hérissée de lances et des baïonnettes. Les cavaliers et les fantassins formaient une armée de trente mille Mahométans.

Kléber était aussi fier et aussi grand à la tête de quinze cents hommes qu'au milieu d'une armée imposante. Il détache quatre cents tirailleurs des angles du quarré, fait charger à mitraille les pièces de canon, et tire froidement son plan de défense.

Les Musulmans commencent la charge de deux en deux mille. Un débordement continuel d'hommes et de chevaux roulait autour de nous. Chaque décharge enlevait des escadrons entiers. On voyait tour à tour frapper la fusillade et la baïonnette. Cette manœuvre de fantassins, de cavaliers, d'attaque et de riposte, mit quantité de Français hors de combat, et durait depuis sept heures du matin.

Bonaparte, instruit de cette sanglante affaire, quitta momentanément le camp d'Acre, et marcha toute la nuit avec la Division Bon. Le renfort s'annonça par un coup de canon, à trois heures après-midi. Une obuse tombe au même instant entre deux escadrons de Mameluks. Kléber apperçoit Bonaparte enveloppé dans un nuage de poussière : « Que trois cents » hommes, dit-il marchent sur la redoute ». Le soldat vole au retranchement, et l'emporte d'assaut. Le Général en chef se fait connaître de plus près. Les Turcs se troublent, leur nombreuse cavalerie fait un demi-tour, et prend la fuite.

Bonaparte la poursuit, et s'empare du camp des Pachas. Kléber court sur un corps de cavalerie, et culbute les fantassins qui se trouvent sur son passage. Murat débloquait le Fort de

Saffet.

Saffet. Les coursiers des Turcs les plus agiles passèrent le Jourdain, et nous entrâmes à Thabarieh.

Bonaparte revint, couvert de lauriers, au Camp-Général. Le Général Bon se rendit à son poste ; Kleber et Murat gardèrent le Jourdain et les montagnes.

Reprise du Siége d'Acre.

Dans l'intervalle de ces grandes batailles, les assiégés faisaient des *boyaux* cachés pour découvrir la nouvelle mine de la Tour. Les Français les apperçurent, le 30 germinal, fondirent sur eux pendant la nuit, et tout passa au fil de l'épée.

J'appris que trois frégates Françaises arrivaient à Jaffa avec de l'artillerie de siége, de la poudre et des boulets. Qu'il fut déchirant et malheureux de les avoir reçus si tard. Quantité de petites affaires diminuaient, chaque jour l'Armée ; et la peste, fléau trop redoutable, moissonnait, depuis l'entrée des Français en Syrie, deux fois plus de monde que le fer et le feu.

Le 5 floréal, les Turcs, accoutumés aux sorties comme nous aux assauts, se présentèrent par la porte du Sud, et furent repoussés. De nouvelles pièces battirent la petite tour. La mine de la grande sauta : le mur qui restait encore au-devant fit la culbute. Les sapeurs, poussés par une impulsion au-delà de la pensée, se rendirent maîtres de la plus saillante ; et pendant cinq heures, les pierres, les grenades et le goudron, qu'on jettait des remparts, en calcinèrent le plus grand nombre.

On fit, le 6, une barrière impénétrable derriere la grande tour. Nos batteries y vomirent deux cents boulets. Les Français se félicitaient, encore une fois, de se montrer en vainqueurs. L'honneur et le courage les conduisaient toujours sur la brêche ; mais aucune issue ne se présenta pour entrer dans Acre.

La grande Tour n'appartenait, le 13, ni aux Mahométans, ni aux Français. Les guides de Bonarparte la disputaient avec la plus vive ardeur, lorsqu'une sortie de Diezzar les mit entre deux feux.

Quel courage étonnant ! Le haut de la tour s'écroulait. Les ennemis du dedans et du dehors exterminaient nos militaires bloqués. La colonne d'observation tombe sur les Turcs ; elle pousse, elle presse ; le fer et le feu percent et criblent à la fois Les Ottomans reçoivent le choc le plus terrible. Evanouis des étincelles qui nous enflamment, ils tombent en tourbillon, et se débattent à nos pieds. Les Français débloquent leurs camarades mourans. L'ennemi terrassé se traîne tout sanglant sur la poussière, et suit, en lambeaux, les détours cachés de la ville.

Il arriva, le même jour, de Jaffa, cinq pièces de 18, trois de 24, et beaucoup de munitions. J'étais assuré que cela suffisait pour faire une grande brêche ; mais personne ne doutait que les Turcs, guidés par les Anglais et par un Emigré Français appelé Philippeau, n'eussent eu le temps de faire, dans l'intérieur des remparts, de grands retranchemens.

Le 19 floréal, la nouvelle batterie fut définitivement placée sur l'empreinte de l'ancienne. Les cinq pièces de 18 et les trois de 24 furent prêtes à foudroyer.

Nos Divisions défilèrent derrière les aqueducs et dans les boyaux. La dernière mine éclate avant midi. La contrescarpe saute. Les batteries tonnent. L'astre du jour s'inclinait vers l'occident. Les Turcs font alors une très-vigoureuse sortie, et sont rudement repoussés. On les renforce pendant trois fois, et pendant trois fois, l'arme blanche les fit rentrer dans la ville.

Les chaloupes canonnières, les vaisseaux Anglais et les mortiers de Diezzar formaient un déluge de feu. Les bombes et les boulets tombaient au milieu de nous, comme la grêle d'un noir orage se précipite dans la plaine.

Nos braves canonniers répondaient à l'épouvantable écho. Les lambeaux des murailles roulaient dans les fossés ; un million de pierres volaient dans les airs, et tous les débris s'amoncelèrent.

Bonaparte se présente à l'assaut. Deux cents éclaireurs le dévancent. Intrépides soldats ! Républicains dévoués à leur patrie ! Des *boyaux* à la brêche, de la brêche à la ville ne fut qu'un elan invisible. Les 69.e et 18.e marchaient sur leurs traces. Les éclaireurs forcent les Mahométans, pénètrent dans les rues, se portent sur le port, et s'emparent de deux mortiers.

Smith et Diezzar délibéraient dans le vaste château. Au même instant, une grande alerte retient les Demi-Brigades ; une explosion terrible embrâse la ville. Bonaparte sollicite en vain d'avancer. Moins heureux qu'au pont d'Arcole, il voit le feu se congeler dans les veines des compagnons de sa gloire. On s'écrie mille fois que des abîmes profonds vont s'ouvrir sous nos pieds. La masse de la troupe reprend cependant courage, et veut avancer.

Diezzar qui voit qu'on croit la ville minée au bruit de plusieurs barils de poudre qu'il a fait sauter, fait paraître les Turcs au milieu de notre confusion. Toutes ses forces se portent sur la brêche. Nous opposons, un grand moment, une résistance admirable. Des nouvelles mines éclatent, et les soldats se sauvèrent à la lueur des feux de l'ennemi.

Les éclaireurs, bloqués dans Acre, résistèrent à la foule des Turcs, et ne se rendirent aux Anglais qu'à la dernière extrémité.

Vingt courriers extraordinaires prirent, le jour suivant, différentes routes. La Division Kléber reçut ordre, près du Jourdain, de descendre subitement au Camp-Général. Gérard, Chef des Naplousins, lut, avec plaisir, la réponse satisfaisante au serment qu'il venait de faire à Bonaparte d'une parfaite neutralité. On courait rassurer l'Egypte désespérée. C'était ainsi que le Général en chef, par sa profonde politique, ranimait tous les cœurs.

Smith et Philippeau s'occupaient du plan de défense, et dirigeaient toujours les travaux des Turcs. On creusa de profonds et larges fossés sous les décombres des remparts. On fit des ouvertures aux premières maisons pour la fusillade. On plaça des pièces aux avenues de la ville, et tout fut terminé par des grands retranchemens à la face de chaque tour qui répondait aux deux côtés de la brêche. Des bras infatigables firent, dans vingt-quatre heures, ces préparatifs redoutables.

Du 21 Floréal.

La première Division arriva sous les remparts d'Acre ; il ne restait que soixante hommes au fort Saffet, quatre cents à Thabariéh, et quarante à Nazareth.

Bonaparte se mit à la tête de toutes les Divisions. Vingt bataillons jurèrent de venger les mânes de leurs frères. Les soldats se présentèrent avec la fureur d'*Ajax*. La brêche couverte de cadavres gangrenés, présentait le tableau le plus horrible. Les coups foudroyants de Diezzar tombèrent sur nos têtes. Dans ce moment affreux, la rage rallume l'ame des Français. Ils frappent de mort tout ce qui se présente. Plusieurs franchissent les fossés, et d'autres y restent victimes de leur courage.

Le Turc devient plus furieux. Il canonne, il fusille, il bombarde. Les fils ardens de Vulcain forgent le fer de nos adversaires. Nos premiers rangs furent renversés, et nous eûmes, dans un quart d'heure, neuf cents hommes hors de combat. Bonaparte, enflammé d'une juste colère, se retira le dernier de la brêche, et voulait périr sur la place. Je vis sortir le Général Lasnes de cet abîme affreux. Ses yeux étaient éteints, son corps défiguré. Le Général Bon expira dans la foule des morts.

Le 25 floréal, le Fort de Saffet fut évacué.

On craignait chaque jour que la cavalerie de Syrie ne repassât le Jourdain, et dans cette funeste crise, l'Egypte se soutenait par enchantement.

Le 27 floréal, tout ce que le Turc avait de disponible, tant en cavalerie qu'en infanterie, fit, dans la matinée, une brillante sortie. Nous avions feint, un instant, de reculer; mais lorsqu'ils furent éloignés des remparts, les républicains les entourèrent avec la colère d'*Achille*. Les hommes et les chevaux blessés se débattaient sur la terre tremblante, et surpassèrent bientôt le nombre des combattans. Nous les fîmes rouler, pendant deux heures, dans le sang et la poussière. On enleva leurs drapeaux, et leurs membres épars furent livrés à l'exécration de toute la nature.

Bonaparte levait chaque jour quelque pièce des différentes batteries. Les canonniers jétèrent dans la mer le gros calibre et toute l'artillerie qui ne pouvait repasser les déserts.

On évacuait précipitamment les blesses. Les bombes tombaient toujours dans la ville, et je ne voyait plus que delabrement et décombres. Diezzar agonisant allait succomber. Un assaut de plus, et Acre était à nous. Mais la présence de Bonaparte était indispensable sur d'autres points Il leva le camp la nuit du premier au deux prairial, et motiva, par proclamation, les causes qui lui faisaient abandonner le siége. « L'Egypte, dit il, est menacée par » nos ennemis de l'occident; que ferions-nous » d'une Place ravagée par la peste? Volons à » de nouvelles victoires ». Les maladies nous avaient moissonné 3000 hommes. Nous eûmes deux mille morts ou blessés dans les sorties, les batailles et les assauts. L'Armée était composée de treize mille hommes, lorsque nous entrâmes en Palestine ; il retourna huit mille combattans.

Toutes les Divisions suivirent, depuis Acre, les bords de la mer jusqu'à El-Arich. C'est à ce Fort que Bonaparte borna les frontières de l'Egypte. De-là l'Armée se porta à Ssaléhhyeh, et chaque Général y reçut sa destination.

Bonaparte, la Division Bon et la Division Lasnes furent droit au Caire ; Kléber se rendit à Damiette, et la Division Reynier s'arrêta dans la province de Charquier.

Le départ du Genéral en chef sauva l'Armée. S'il fut arrivé plus tard au Caire, les Français, dispersés dans les déserts, auraient trouvé, faute de vivres, leur tombeau dans les sables, et les troupes étrangères seraient parvenues avant nous jusqu'au centre de nos conquêtes.

Le jour que nous entrâmes en Fgypte, les Escadres Turques faisaient flotter leurs drapeaux devant Alexandrie. Leurs troupes debarquaient sur Aboukir. L'infatiguable Bonaparte continua sa marche pour cette expédition.

DESCENTE DES TURCS EN EGYPTE.

BATAILLE D'ABOUKIR.

L'Armée Française arriva trop tard pour empêcher la descente des Turcs. Le Fort Aboukir leur avait été rendu par famine ; ils s'y étaient déjà supérieurement retranchés.

Bonaparte, malgre la pénible campagne de Syrie, sortit du Caire, porta son camp au pied de la Haute-Lybie, et partit le lendemain, des Pyramides. Il traversa encore plusieurs fois les déserts, et voulut s'assurer, en personne, des Places de Rosette, Rhamanieh et Damanhour. Il finit par Alexandrie. Ses mouvemens continuels et ses espions l'instruisirent du nombre des troupes débarquées, et des postes qu'elles occupaient.

Il sortit d'Alexandrie, le 6 thermidor. Son Armée, au nombre de 4000 fantassins et 1200 chevaux, parut, le 7, devant l'ennemi. Les Français, réduits à un si petit nombre, épuisés par les batailles, les assauts et des routes mortelles, virent encore une fois de très-grands retranchemens à franchir. Ils avaient moins de dégoût pour l'attaque que de manque de vigueur.

Jamais Bonaparte n'avait paru, dans l'Orient, d'un air plus sérieux. Il s'était placé sur un

Isthme entre le lac Madié et la mer, à une lieue d'Aboukir.

Les Musulmans, nous regardant en face, avaient une redoute à droite, deux à gauche, et la plus formidable dans le centre, entourée de chevaux de frise.

On n'entendit plus ces harangues expressives que le Général en chef faisait au moment du combat. Absorbé dans ses réflexions, il fut quelques minutes à se décider, et il ordonna l'attaque.

L'infanterie marche sur les retranchemens de la gauche, et s'en rend maître. La cavalerie galoppe, le sabre à la main, derrière la redoute de la droite, et les Turcs sont taillés en pièces. Nous étions repoussés dans le centre. Les Mahométans sortaient de leurs retranchemens, pour couper la tête à nos blessés; l'Armée commençait à plier. Le brave Chef de la 22.e met le chapeau au bout de son épée: « suivez moi, s'écrie-t-il, notre victoire est assurée ». Cette présence d'esprit ranime le soldat. On le suit dans le feu le plus ardent. Les Turcs, qui décolaient nos blessés, furent atteints; nous entrâmes avec eux dans la redoute. Le trouble et l'effroi s'emparent de leurs ames, leurs visages pâlissent. Bientôt les Français n'éprouvent plus de résistance, coupent tout ce qui se rencontre, et l'ennemi se disperse. Bonaparte, se voyant vainqueur, le fait charger. Nos troupes ont sabré et haché pendant huit heures. Les chaloupes Turques et Anglaises avaient gagné le large, et les malheureux qui voulurent se sauver à la nage, périrent dans les flots. Douze mille ennemis perdirent la vie. Nous fîmes deux mille prisonniers, qui s'étaient momentanément dérobés à notre vue, parmi lesquels le Pacha et son fils. L'Armée Française eut douze cents tués ou blessés. Elle souffrit beaucoup des besoins de première nécessité.

Nous fîmes le blocus d'Abouquir jusqu'au 14 thermidor.

Smith éprouva une telle mortification de la défaite des Turcs, qu'il signifia à la garnison du Fort qu'il allait brûler l'Escadre de la Porte, s'ils avaient le malheur de se rendre. L'ennemi manquait d'eau depuis trois jours, et, pour faire durer plus long-temps ses provisions, avait terminé les jours de la plupart des Français ; il ne leur restait plus d'autre parti, pour sauver leur honneur, que de s'ensevelir sous les débris de la forteresse ; mais les soldats, dévorés par la faim, se soulevèrent plusieurs fois, et forcèrent leurs chefs à se rendre.

Le 15 thermidor, Bonaparte reçut les prisonniers. Les Français égorgés étaient accumulés dans le Fort. Les Mahométans furent traités comme des lâches. Les Généraux ne purent retenir la juste férocité du soldat.

Les Escadres Anglaises et Turques envoyaient des parlementaires successifs. Bonaparte se rendit, à cet effet, à Alexandrie, et on rédigea des préliminaires qui furent envoyés en Angleterre, en France et à Constantinople.

Cette brillante victoire a été remportée le même jour que notre Escadre fut détruite par les Anglais. Ainsi, la Troupe de terre vengea l'honneur de notre pavillon. Bonaparte en faisait éclater sa vive joie, et nous donna, pour la première fois, le doux espoir de rentrer dans notre patrie. De retour au Caire, son visage radieux annonçait aux habitans sa satisfaction et sa victoire. « Jouissons maintenant, » dit-il, du fruit de nos conquêtes. Egyptiens, soyez heureux. Les étrangers ne troubleront plus votre repos ni cette paix si précieuse en Orient. Et vous, soldats Français, » enivrez-vous dans les plus plus doux transports ; vous voilà plus que jamais rapprochés » de la France, de la patrie qui vous tend » les bras. Que l'espoir le plus flatteur nourisse vos ames ».

Bonaparte part du Caire trois jours après, passe dans le Delta, se dirige sur Alexandrie, laisse, à Rhamanieh, un paquet pour Kléber, s'embarque, la nuit du 5 au 6 fructidor, entre Alexandrie et Aboukir, et disparaît de l'Egypte.

Kléber se rendit sur le champ à Rhamanieh. Le paquet fut ouvert; on y trouva le vœu de Bonaparte et de toute l'Armée. Kléber fut nommé Général en chef. Les Français et les Turcs le reçurent au Caire avec acclamation, et tous les Forts exprimèrent leur allégresse par des salves d'artillerie.

Ce nouveau Chef, pour solder la troupe, se comporta comme le meilleur père de famille. Il commença par retrancher les frais de table de tous les Généraux, fit suspendre les travaux, augmenta les droits de commerce, et taxa huit cents mille livres les Cophtes, qui, jusqu'alors, avaient été exempts d'impositions.

SURPRISE DE MOURAT-BEK.

Mourat-Bek, qui, depuis long temps, disputait la Haute-Egypte avec Désaix, fatigué de sa poursuite continuelle, cherchait inutilement un moment de repos. De Girgé à Tatah, de Tatah à Girgé, et de Girgé à Samenout, il se trouvait toujours dans le cercle affreux qu'il voulait éviter. Les Français l'ont tenu, pendant deux jours, sous leurs baïonnettes; mais il échappait au moment qu'on allait lui donner le dernier coup. Le soleil terminait son oblique détour.

Les Républicains, écrasés de fatigue, s'arrêtèrent un moment. Mourat-Bek errant cherchait à tâtons la solitude dans les déserts. L'heureux Morand désirait l'atteindre pour la dernière fois, lorsque deux espions tombèrent entre ses mains. Il apprend que le Chef des Mameluks, à la faveur des ombres, se livrait au sommeil dans les gorges de Samenout.

Morand partit de Girgé, et fut le surprendre à la tête de trois cents hommes. Il arriva devant le camp, à trois heures après minuit. On commença la fusillade la plus terrible, et les Mameluks se sauvèrent en chemise au moment du feu.

Nous trouvâmes, dans le butin, le riche damas avec un fourreau d'or et le casque brillant de Mourat-Bek. Ce héros était réduit à la dernière extrémité. Lorsqu'on le croyait mort, il se reproduisait encore ; et Désaix détruisait continuellement son armée toujours renaissante.

Du 4 Vendémiaire an 8.

Désaix, fatigué de poursuivre son adversaire, conçut le projet de former une petite armée active des troupes disponibles de sa Division. Il monta cinq cents fantassins sur les plus agiles dromadaires.

Chaque soldat descendait de sa monture à la moindre alerte, et formait deux petits quarrés, entre desquels les bêtes colossales étaient placées.

Le 6, le Général Boyer et cinq cents hommes, en dromadaires, se mirent en route de Siouth. Ils traversèrent rapidement la province de Minier, et se dirigèrent sur le Fayoum.

La présence des Français semblait donner une nouvelle vie à Mourat-Bek. Il sort de sa tombe, part comme un trait, et se jete, à corps perdu, sur le Général Boyer. Le petit nombre de ses cavaliers fut criblé par la pointe de nos baïonnettes. Tant de pertes et tant de revers ne le rebutèrent pas.

Le Général Désaix lui promit de le laisser en repos, s'il voulait choisir les *Oisis* (1) de Siouth pour retraite. « Proposition que je » méprise, répondit-il ; tout vaincu que je » suis, la guerre et les périls sont mes seules » retraites ». Il passa, le 29, à la hauteur de Minnier, descendit encore une fois sur le Caire, entra dans le local de Memphys, erra derrière le Mokatan, et revint sur ses pas. Boyer, renforcé par le Général de Division Friand, le poursuivait sans cesse.

Sur ces entrefaites, la Porte, pour tirer vengeance de la bataille d'Aboukir, fit jeter, le 10 brumaire, aux environs de Damiette, quatre mille Turcs. Le Général de Brigade

---

(1) Jardins placés au milieu des déserts.

Verdier et l'intrepide Denoyer furent à leur rencontre avec huit cents hommes des 2.e et 32.e Demi-Brigades. Le dernier pénétra dans leurs rangs, et mourut en héros. Trois mille furent exterminés. Le Général put à peine en sauver huit cents, qui implorèrent sa clémence.

Je fus convaincu que le traité conclu par Bonaparte, après la bataille d'Aboukir, n'avait pas été ratifié. Le Général Morand etait, par l'ordre de Kleber, dans le port de Jaffa, sur le vaisseau Anglais le *Tigre*, pour prendre des arrangemens définitifs. Les Turcs continuaient leurs démarches offensives, et menaçaient l'Egypte sur tous les points.

Le corps de l'Armée Ottomane se trouvait en Syrie au nombre de 80,000 hommes.

L'Armée Française ne formait plus qu'une colonne mobile de 10,000 combattans ; mais la bravoure la rendait redoutable, c'est tout dire, des Français la composaient.

Le premier nivose, Desaix et le cit. Poussielgue, administrateur des finances, remplacèrent Morand auprès du Grand Visir.

Le Général en chef, peu satisfait des propositions de la Sublime-Porte, se disposait à combattre jusqu'à la dernière munition. Il allait se mettre en marche contre les Turcs, l'avant-garde faisait des mouvemens, lorsqu'un courrier, envoyé par Désaix et Poussielgue, annonça

annonça l'armistice d'un mois, pour traiter plus commodément de la paix définitive.

Cette nouvelle nous fit éprouver la joie la plus vive; mais elle fut bientôt troublée par la plus noire trahison. Nous apprîmes que l'armée Turque, s'étant approchée d'El-Arich, avait trompé la confiance de la Garnison Française, et rompu l'armistice. Le 8 nivose, les soldats Turcs, au bruit de la suspension d'armes, crièrent *sauva*, *sauva*, c'est-à-dire, *paix*, *paix*. Les Français de bonne foi leur ouvrirent les portes du Fort, et lorsque les Musulmans furent entrés en assez grand nombre, ils nous exterminèrent.

La sentinelle de la poudrière se fit sur-le-champ une résolution. Ce soldat immortel, voyant le massacre s'approcher de sa personne, met le feu à la poudrière, et le Fort en masse fait la culbute. Deux mille Musulmans et quatre cents Français furent ensevelis sous les décombres. L'Armée ennemie s'épouvanta si fort, qu'elle se réplia sur Gaza, en entraînant quelques prisonniers Français.

Le Général Kléber, pour venger cette insulte, partit du Caire, le 19 nivose, avec huit mille fantassins, deux mille hommes de cavalerie, et soixante pièces de canon, tant de campagne que de siége.

Le Grand-Visir parut outré d'indignation contre les traîtres d'El-Arich; il protesta n'avoir pris aucune part à cette scélératesse, qu'il attribua à l'insubordination des soldats Turcs. L'armistice recommença, les deux Armées se méfièrent plus que jamais l'une de l'autre.

Le 15 pluviose, Mourat-Bek traverse encore le Nil, se rend à Sédiman. Il court sur les Français le sabre à la main, et retombe avec fracas dans sa chûte profonde.

Osman-Bek et Assem-Bek durent bien se repentir de l'avoir laissé lutter tout seul contre les premiers soldats du monde. Ils étaient prêts à venir prendre son poste avec beaucoup de Mameluks et d'Arabes.

J'appris, le même jour, la nouvelle de la paix entre nous et la Porte-Ottomane.

Tous les postes avancés de l'Armée reçurent ordre dévacuer. Gizzé, vis-à-vis le Caire, fut le point central du ralliement des Troupes.

Les perfides Osman-Bek et Assem-Bek profitèrent de ce moment, pour venger Mourat-Bek. Honteux d'avoir si long-temps abandonné celui qui jusqu'alors avait seul combattu pour leur cause commune, ils s'assemblèrent, le 10 pluviose, avec trois mille Arabes et paysans entre Miniet et Benhesouet, enveloppèrent le Général Belliard devant le village Abouc-Girgé, et l'on engagea le combat le plus violent.

Belliard, avec quatre cents hommes d'infanterie et deux pièces de campagne, résista avec sa bravoure et sa prudence ordinaires. Il renversa beaucoup d'ennemis. Les Mameluks prirent la fuite.

Mourat-Bek se conduisit, à la proclamation de la paix, en vrai politique. « Puisque nous » portions, dit-il, la Sublime-Porte et moi, » les armes contre les Français, je consens à » devenir votre ami ».

Belliard, ne pouvant de son chef donner l'*ultima ratio*, consentit à une suspension d'armes.

« Voilà, dit Mourat-Bek, le premier mo- » ment de repos que je goûte depuis que » nous nous faisons la guerre ». Ces paroles attendrirent l'ame des soldats.

Je descendis, le 6 ventose, de Kénné avec l'arrière-garde de la Haute-Egypte. L'Armée allait se rallier à Gizzé, et le Grand-Visir se trouvait déjà sous les murs du Caire avec son armée.

Que d'honneurs nous reçûmes en descendant de la Haute Egypte. Les Mameluks s'emparaient, au nom de la Porte, de chaque ville que nous quittions, de chaque Fort qui était évacué. Ce n'était plus qu'invitations cordiales et réciproques à des brillans repas. En effet, plus deux ennemis se sont battus avec fureur, plus ils se réconcilient avec plaisir, et forment des liens indissolubles. Je trouvai à Miniet un peloton de trois cents Turcs avec un Pacha

H 2

que le Grand-Visir avait détaché pour remplacer la garnison de cette ville. Je conçus la plus mauvaise idée des troupes Ottomanes. On eût cru voir des brigands autour de Mandrin au sortir de la Forêt-Noire. Je ne pouvais jamais me persuader que cette bande de gueux pût représenter le Grand Maître de l'Asie et de l'Afrique. Ils attendirent, couchés sur la poussière, aux portes de la ville, toujours tête baissée et dans l'humiliation la plus triste, que nous fussions en route pour prendre possession d'une maison fortifiée.

Mourat-Bek les regardait avec autant de mépris que de pitié : « Je croirais, disait-il, » passer pour un lâche, si j'opposais vingt » de mes Mameluks contre ces 300 misérables » Musulmans ».

Enfin, au moment où nous croyons sortir des déserts d'Afrique, et nous jéter dans les bras de nos familles, le destin nous abandonnait encore, et l'infortune la plus cruelle nous suivait toujours pas à pas.

Kléber est trahi par les Turcs et les Anglais au moment qu'il vient de négocier avec ces perfides puissances. La convention la plus avantageuse et la plus honorable faisait évacuer l'Egypte aux Français ; une lettre infâme, envoyée par le Lord Keitt, rompt ce traité sacré.

KLÉBER, GÉNÉRAL EN CHEF DE L'ARMÉE D'ORIENT.

SOLDATS,

« Voici la lettre qui vient de m'être adressée » par le Commandant de la Flotte Anglaise » dans la Méditerranée ».

A Bord du Vaisseau de Sa Majesté Britannique, la Reine-Charlotte, le 18 janvier 1800.

MONSIEUR,

Je vous préviens que j'ai reçu des ordres positifs de sa Majesté de ne consentir à aucune capitulation avec l'Armée Française que vous commandez en Egypte et en Syrie, à moins qu'elle ne mette bas les armes, qu'elle ne se rende prisonnière de guerre, et n'abandonne toutes les munitions et tous les vaisseaux des ports et villes d'Alexandrie aux Puissances alliées; qu'en cas de capitulation, je ne dois permettre à aucune troupe de retourner en France avant qu'elle ait été échangée.

Je crois également nécessaire de vous prévenir que tous les vaisseaux ayant des troupes à bord, et faisant voile de ce pays, munis de passeports signés par d'autres que ceux qui ont le droit d'en accorder, seront forcés par les officiers des vaisseaux que je commande, de rentrer à Alexandrie.

Enfin, que les bâtimens qui seront rencontrés retournant en Europe, avec des passeports accordés en conséquence d'une capitulation particulière avec des Puissances alliées, seront retenus comme pris, et tous les individus à bord considérés comme prisonniers de guerre.

Signé KEITT.

« Nous saurons répondre à une lettre inso-
» lente par des victoires. Soldats, préparez-
» vous à combattre.

Signé KLÉBER, Géneral en chef.

O Dieux Immortels ! Comment avons-nous pu vaincre tant d'armées, et briser les ressorts de tant de trahisons accumulées ? Kléber rallie ses troupes, somme, pendant deux fois, le Visir de se réplier sur la Syrie, et renvoye ignominieusement le Commissaire Anglais. Il sortit du Caire à la tête de sa colonne mobile, et fut camper à la vue de l'armée innombrable des Turcs.

J'arrivai sous le Caire la veille de la bataille. Les 21.e et 88.e Demi-Brigades, qui descendaient aussi de la Haute-Egypte, se rendirent en présence de l'ennemi.

Le lendemain, il signifie de rechef au Grand-Visir de se retirer, et l'Armée Française fit un mouvement. Le Visir la fit cerner, et

somma nos Généraux de déposer les armes.
« Il est temps, dit-il, de reconnaître mon
» autorité. Profitez de ma clémence, de l'hu-
» manité que j'ai encore pour vous. Voyez
» tous les déserts couverts de soldats *Stam-*
» *bouls*; n'irritez point une armée plus nom-
» breuse que les étoiles, et dont Dieu seul
» peut calculer le nombre ».

BATAILLE D'HÉLIOPOLIS.

L'intrepide Mourat-Bek fixait les deux Armées.

Kléber fonce sur les Ottomans ; le Suprême-Visir ne peut supporter le choc de ses armes; il abandonne lâchement son artillerie, et se sauve vers la Syrie. Hybrahim-Bek se détache des Turcs, et va ravager le Caire, évacué par les Français.

Le 30 ventose, nous fîmes capituler la garnison de Belbeïs. Le premier germinal, nous tombâmes sur l'arrière-garde à Coraïm. Kléber, qui s'était avancé trop précipitemment avec ses guides, était perdu sans ressource sans la bravoure de sa cavalerie. Il reçut, en galoppant, un coup de *trique*, derrière le mur d'un jardin. Il se défendit, le sabre à la main, contre plusieurs Osmanlis, et la moitié de sa suite avait déjà perdu la vie. Coraïm fut mis au pillage.

L'arrière-garde des Musulmans fuyait sans

relache ; cependant le Grand-Visir envoya dire qu'il nous attendait de pied ferme à Ssaléhhieh. Avec quelle avidité on allait l'attaquer. Saint-Hubart, chef des Arabes de la tribu des Athouny, dévança nos pas, et par un piège adroit, porta un nouveau trouble et un nouvel effroi dans l'armée Turque. « Continuez, leur dit-il, sans » interruption votre retraite ; les Français se » pressent de toutes parts dans le grand bois » de datiers voisin, et viennent vous cerner. » Entendez le bruit confus de leurs armes ».

Le Grand-Visir, déjà découragé, se fait une armée d'un Bataillon, croit fermement Saint-Hubart, monte à cheval, et crie *sauve qui peut.*

On n'a jamais vu de déroute aussi fameuse et aussi déplorable. Cette puissante Armée abandonne à la rapine des Arabes ses tentes, ses trésors, et traverse les déserts sans pain, et sans eau. Les Arabes de Saint-Hubart s'étaient tous enrichis des dépouilles des Turcs avant notre arrivée à Ssaléhhieh.

Notre espion rapporta quelque temps après que le sol était jonché de morts jusqu'à El-Arich, et que le Visir ne s'était arrêté qu'à Gaza.

Le Général en chef avait envoyé de Belbeïs Friand, et une partie de sa Division pour réduire le Caire et Boulac. La Division Rampon marchait du Delta sur Damiette, et

Mourat-Bek était retourné dans la Haute-Egypte.

Nous reçûmes, à Ssaléhhieh, plusieurs courriers extraordinaires du Caire. Nos Forts et les troupes de Friand n'empêchaient point les progrès des Mameluks d'Hybrahim-Bek et des Stambouls. On ne pouvait, malgre le bombardement et la canonnade, pénétrer dans aucune rue de la ville; Boulac faisait la même résistance.

Quelle liaison, quel enchaînement d'événemens malheureux! Il ne reste qu'une faible garnison à Ssaléhhieh. Kléber descend au Caire, et Belliard va renforcer, avec la 21.e, le Général Rampon du côte de Damiette.

Dans cette circonstance critique, la Flotte Anglaise de la mer Rouge jétait des soldats à Suez; et tout le peuple d'Egypte était en effervescence.

Le loyal Mourat-Bek ne profita point de nos malheurs. Il tint religieusement sa parole, et n'aspirait qu'à conclure le traité de paix qu'il avait commencé avec Belliard.

Le 6 germinal, le Général en chef arriva au Caire. La place Esbequier était en feu, les Stambouls avaient été chassés, par l'incendie, de la ligne des maisons qu'occupait le payeur de l'armée. Friand venait d'embrâser celles qui suivent l'hôtel Bonaparte, à l'exception de la maison Reynier qui restait intacte, ainsi que la base du triangle de cette grande place. Les ennemis s'y étaient retranchés avec dix pièces de canon. La seule maison Bonaparte, où se tenait Kléber, leur faisait face. Les étincelles couvraient nos retranchemens, et nous nous battions au milieu des flammes qui s'échappaient de deux cents différentes maisons.

Les Français, toujours maîtres des Forts, faisaient à la fois le blocus du Caire, de Boulac, et jetaient continuellement des bombes dans la ville.

Hybrahim-Bek et les Turcs envoyèrent dire au Général en chef de se replier sur Alexandrie, et de partir pour France ; qu'il était très-imprudent et infiniment audacieux de demander le Caire. Ils fabriquèrent d'autres pièces de canon, et tentèrent plusieurs sorties infructueuses, soit pour enlever la maison Bonaparte, soit pour repousser nos autres postes. Il sortait, à chaque instant, de la ville, des hurlemens épouvantables, le bombardement allait sans cesse, et les maisons s'écroulaient continuellement.

Le 8 germinal, Mourat-Bek demanda au Général en chef s'il voulait le charger de la capitulation du Caire. On lui répondit qu'il était doux de traiter avec lui, mais qu'il n'y avait aucun accommodement à faire avec les Turcs.

Le 9 germinal, les Forts faisaient toujours des ravages étonnans. Les Mahométans, trop tourmentés, tentèrent de sortir du côté des Forts *Succousqui* et l'*Accoubé*. Reynier les fit rentrer à coups de canon et de fusils. Deux heures après, ils arborèrent le drapeau blanc à la place Esbéquier. Le Général en chef consentit à traiter avec eux. Il leur envoya un Commissaire Turc avec ordre de retourner avant minuit. La grande lenteur qu'il mit fut cause que les Forts éclatèrent de toutes parts. Deux mortiers de 250, qui arrivaient d'Alexandrie, ébranlaient la ville à chaque commotion.

Nous reçûmes, à 10 heures du matin, notre commissaire avec un parlementaire. Les assiégés adhérèrent à toutes nos propositions; ils devaient sortir, le 11 germinal, avec cinquante chameaux chargés d'eau et de vivres, escortés jusqu'à Ssaléhhieh par deux Demi-Brigades.

Je reconnus bientôt qu'ils ne parlementaient que pour avoir le loisir de se retrancher. Nous plaçâmes, le 12, au Quartier-Général, une pièce de 11, qui prenait par les flancs leurs batteries. Lorsque nous fûmes pleinement convaincus que nos ennemis s'opiniâtraient à garder la ville, nous fîmes, sur leurs nouvelles pièces, une décharge à mitraille qui terrassa leurs canonniers. Les Forts jettèrent, dans la nuit du 13 au 14, 800 bombes. Friand s'empara de trois mosquées, qu'il ne garda pas. Au milieu de tous ces désordres, des Beks et des Cacheks de Mourat-Bek visitaient journellement Kléber.

Celui-ci, pour donner une marque indubitable de son dévouement à la République Française, arrêta, le même jour, des Arabes qui menaient mille moutons à l'armée du Grand-Visir. Il extermina les conducteurs, nous fit présent des moutons, et favorisa le commerce avec la Haute-Egypte.

J'appris que Damiette et le Fort Lesbech avaient été repris par Belliard, et les Turcs hachés au nombre de 600.

Rampon mit le lendemain garnison dans le Fort de Damiette, et remplaca Belliard. Celui-ci retourna précipitamment au Quartier-Général. Le 25 germinal, il attaqua Boulac, à deux heures du matin. Les habitans et plusieurs Turcs de Constantinople furent pris les armes à la mains. Le pillage dura vingt-quatre heures. Les 21.e et 88 e mirent le feu dans plusieurs magasins d'huile et d'eau-de-vie. Quantité de quartiers s'embrâsèrent, et l'on ne parvint à étouffer les flammes qu'après avoir coupé des îles entières.

Le 26, 400 hommes de la 32.e se mirent en route pour aller faire rentrer dans la mer Rouge, les Anglais et les Meckins qui avaient débarqué à Suez.

Nous attaquâmes le Caire sur tous les points, la nuit du 28 au 29 germinal. Friand entra du côté de l'*Institut*, et trouva des retranchemens insurmontables. La Citadelle fit une sortie imposante, et pénétra quelque temps dans la ville. Reynier entra par l'Accoubé, et renversa les Mameluks qui s'opposaient à son passage. Belliard s'élança, à la tête des grenadiers, sur le grand retranchement. Une de nos bombes et la décharge d'une pièce de 11 éclatent malheureusement sur l'artillerie ennemie au moment où il allait s'en rendre maître; une balle le blessa dangereusement au bas ventre, et ses grenadiers furent abimés. Sans cet événemens désastreux, les Turcs n'avaient plus aucune ressource.

Nous eûmes néanmoins le plus grand avantage. La maison Reynier, où se tenaient les principaux chefs, avait été minée quelques jours auparavant. On la fit sauter, et quatre cents Turcs restèrent ensevelis sous les décombres.

Le lendemain, le Général en chef écrivit une lettre pleine d'éloges à Reynier, et nomma Belliard Général de Division.

Le premier floréal, Hybrahim-Bek et les Pachas Turcs furent se jéter aux pieds de Kléber, et implorèrent sa clémence. « Il est » maintenant inutile, dirent-ils, de continuer » une guerre malheureuse, et plus que funeste » pour le Caire et pour nous. Le faible espoir » que nous avons pour conserver notre vie

» à travers de périls innnombrables, est
» dans votre loyauté. Puisqu'il faut que notre
» témérité soit humiliée, accordez-nous des
» armes pour résister aux Arabes, avec une
» escorte Française jusqu'aux frontières de la
» Syrie. Laissez aussi passer les vivres néces-
» saires à notre existence ».

Ils mirent entre nos mains leurs forts retranchemens, et se portèrent au-delà du canal du Caire.

Kléber leur fit ressentir son humanité avec d'autant plus de plaisir, qu'ils avaient eu beaucoup de soin des prisonniers Français. La Division Reynier les escorta jusqu'à Ssaléhhieh, et fut de retour au Caire le neuvième jour.

Le Général en chef fit son entrée triomphante dans la ville à la tête de la Division Friand. Osman-Bek, Assem-Cachek et plusieurs autres Mameluks de Mourat-Bek, tous les chefs et bourgeois étaient à sa suite. La troupe partit, le 7 floréal, de la place Esbequier, entra du côté de l'Accoubé par la porte de la Victoire, défila devant la grande Mosquée, et se rendit, par un grand contour, à l'endroit du départ.

Le peuple se pressait en foule dans les rues pour nous voir passer. Il était interdit, stupéfait. Personne ne pouvait se persuader que l'Armée du Grand-Visir eût été battue, et que si peu de monde eût forcé Hybrahim-

Bek et les meilleurs soldats de la Porte à capituler.

Kléber apprit que Bonaparte était devenu le Chef de la République, et fit prêter serment de fidélité à toute son Armée. Il assembla, le lendemain, les Chef du Caire. Je viens, leur dit-il, de faire une guerre très-dispendieuse. Si vous êtes mes amis, ouvrez-moi vos trésors. La ville me comptera cinq millions en numéraire, cinq millions en marchandises, vingt mille fusils, quinze mille pistolets et dix mille selles à la Mameluks; Boulac deux millions, Damiette cinq cents mille livres, et les insurgés du Delta trois cents mille. Le premier d'entre vous qui semblerait s'opposer à mes intentions, ou se permettrait des murmures, me prouverait qu'il conserve encore de la haine contre les Français; je le charge de fers, et le fais expirer sous les coups. Ces contributions servirent à payer la troupe et aux besoins les plus pressans de l'Armée.

La postérité pourra-t-elle se persuader que si peu de soldats ait si long-temps gouverné les deux Egyptes, dicté des lois à la Syrie, résisté au fléau de la peste, et battu des armées innombrables ?

Nous terminâmes la paix avec Mourat-Bek. Le Général en chef lui céda la moitié de la Haute-Egypte ; il borna ses Etats, *au sud*, par la première cataracte ; *au nord*, par la province de Sciouth ; *à l'orient*, par la mer Rouge, et *à l'occident*, par les déserts de la Lybie.

La 21.e Demi-Brigade se rendit dans la Haute-Egypte, pour occuper les postes que nous n'avions pas cédés.

On sut, à la même époque, que les Anglais de Suez n'avaient pu résister à notre impétuosité, et qu'ils étaient rentrés dans la mer Rouge.

Le peuple des deux Egyptes se calma. Les habitans des villes et villages cherchèrent la tranquillité dans leurs familles. On entendait publier jusques dans les déserts l'Egypte reconquise par les Français.

Nous pensions à nous procurer un moment de repos, lorsque la nouvelle d'une Flotte Russe, qui se balançait devant Alexandrie, parvint à nos oreilles. Il était bien véritable que 15 vaisseaux de guerre étaient mouillés sous la grande Tour des Arabes.

Le Général en chef partit, le 14 prairial, pour Alexandrie, avec une partie de la Division Friand. La Division Reynier se mettait en état de le suivre. Il apprit, en route, que cette Escadre était composée de Turcs et d'Anglais, et qu'au lieu de tenter des débarquemens, elle réclamait cinquante-cinq navires que la Porte venait d'envoyer dans le port d'Alexandrie pour nous passer en France. Nous crûmes alors fermement que le Grand-Turc ignorait

ignorait la rupture du traité d'El-Arich, et que cette noire perfidie avait été l'ouvrage du Lord Keitt et du Grand-Visir. Peut-être méditaient ils de nouveaux projets dont l'Armée eut été la victime, si elle fut commandée par un Général moins brave et moins prévoyant.

Les bâtimens furent déclarés bonne prise.

Kléber s'arrêta à Rhamanieh ; et, après avoir expédié, par des courriers extraordinaires, une lettre expressive aux Turcs et aux Anglais il revint au Caire.

Sa présence y était d'une nécessité indispensable, non-seulement pour donner de l'activité, aux travaux, ou pour rassurer les Français qui craignaient qu'il ne partît secrétement pour l'Europe, mais encore pour faire rentrer dans les caisses le restant de la contribution forcée.

Notre position etait plus satisfaisante qu'elle n'avait encore paru. Le Grand-Visir rudement repoussé, la paix conclue avec Mourat-Bek, les coffres remplis, et six mille Cophtes ou Chrétiens nouvellement armés. Chaque Français espérait encore une fois se consolider dans le pays, ou rentrer avec honneur dans sa patrie.

Cette douce illusion fut bientôt détruite. Le 25 prairial, le plus grand de tous les malheurs plongea l'Armée dans le dueil et la consternation. Un assassinat horrible nous priva de notre Chef au moment où son génie était le plus nécessaire.

Kleber, seul et sans défiance, se promenait dans le jardin de la maison Bonaparte, de cette maison remarquable, où il brava le feu le plus violent des Stambouls. *Solyman*, nouveau Ravaillac, profite de son aménité pour lui percer le sein. Il lui plonge, pendant quatre fois l'instrument meurtrier d'une main, tandis qu'il se servait de l'autre pour porter à la bouche celle de la victime.

Le passage de la vie à la mort se fit avec la rapidité d'un trait. Il expira, après s'être traîné cinq à six pas, en se débattant sur la terre.

Le citoyen Protin, seul malheureureux témoin de cette horrible scène, fut blessé, en volant à son secours.

On saisit le scélérat avec un poignard de 14 pouces de longueur. On le fit parler à force de promesses. Il avoua que le Grand-Visir l'avait envoyé pour commettre ce crime, et que depuis vingt-neuf jours il poursuivait pas à pas l'infortuné Général. « Si je n'avais pu » réussir aujourd'hui, ajouta-t-il, je ne le quit» tais pas jusqu'à la mort. Je délivre, par cette » action, mon père d'une prison éternelle, et » ses biens, que le pouvoir arbitraire lui avait » ravis, vont lui être rendus par le Suprême » Visir ».

Trois Lecteurs du *Koran* de la grande Mosquée furent arrêtés. Ils confessèrent que *Solyman* leur avait été adressé de Gaza par le Visir. Mais on les interrogea inutilement pour découvrir les autres complices.

Si le meurtrier eut échappé à nos recherches, ou s'il n'avait été saisi que mort, nous allions recommencer, pour comble de calamités, une guerre injuste contre Mourat-Bek.

Il est difficile de se représenter la profonde indignation de chaque soldat Français. « Jurons, » s'écriaient-ils, une guerre éternelle au Visir; » repassons le désert, allons l'exterminer jus- » qu'au bout du monde; frappons sans pitié, » et qu'il meure dans les plus affreux tour- » mens ».

Kléber fut percé le même jour, et à quinze minutes près, que Désaix, son ami, mourait de la mort des Turennes, après avoir puissamment concouru à la victoire de *Maringo*.

Jamais Général en chef n'a plus été aimé de ses soldats : jamais militaire n'a paru plus vivement regretté. Ceux qui ne considéraient pas ce grand homme par ses talens militaires, le pleuraient comme leur père.

Son cœur fut déposé entre les mains du Général Damas, son intime ami; on ferma hermétiquement son cadavre dans un tombeau de plomb. Tous les Forts tirèrent, de distance en distance, des coups de canon, qui ajoutaient à l'horreur qu'inspirait notre perte.

Si ce fameux capitaine eut articulé une seule parole, n'aurait-il pas manifesté le regret de n'être pas mort dans une bataille, lui qui, depuis l'aurore de la révolution, avait si courageusement affronté le danger.

Il fut enterré, le 28 prairial. L'Armée Française, les Mameluks, la cavalerie des Grecs, la nouvelle levée des Cophtes, des Chrétiens et plusieurs chefs du Caire accompagnaient le corps posé sur un char traîné par six chevaux noirs. Le convoi partit de la place *Esbequier*, traversa la ville, et se rendit à Hybrahim-Bek, où les canonniers firent brêche pour le déposer dans le Fort. Toutes les musiques des Demi-Brigades jouaient des airs funèbres. Les soldats endurcis à toutes les horreurs de la guerre, ne purent retenir leurs larmes. La mousqueterie fit ensuite plusieurs décharges autour du sarcophage ; et, pour appaiser les mânes du défunt, le bourreau décapita les trois chefs de la religion ; son assassin eut les poings brûlés, et fut empalé vif.

Ce monstre soutint son caractère jusqu'au dernier soupir. Il souriait encore à l'instant qu'on lui présentait le tison ardent, et du haut de la perche où il était empalé, il vomissait les plus horribles blasphêmes. Il mourut, après quatre heures de supplice, dans des tourmens auxquels on ne peut même comparer ceux des Damien et des Ravaillac. Le cadavre se gangrena ; les vautours et les animaux les plus immondes rejétèrent sa pâture.

Aucun Genéral ne se crut capable de remplacer Kléber. On ne vit pas régner cette ambition ordinaire dans de semblables occasions. Menou, à qui ce grade revenait de droit, le refusa plusieurs fois, ainsi que Damas et Reynier. Cependant les circonstances devenant plus impérieuses, le Genéral Menou accepta les rênes du gouvernement. Il protesta, dans plusieurs proclamations, de son entier dévouement à l'armée. Il nous apprit, par les nouvelles d'Europe, les beaux exploits de Bonaparte. Nous ne doutâmes plus que la République Française ne devînt bientôt la première nation du monde, et que son premier Consul ne fût l'arbitre de tous les peuples. Déjà l'Afrique respecte ses décrets ; les Américains ne parlent que de ses victoires ; son nom, dans la Perse, efface celui des Alexandre, des Scipion en Syrie ; et des personnages notables, venus de la Chine, parlent de Gengis-Kan ressuscité en Europe.

L'Armée, au comble de sa joie, celébrait, chaque jour, de grandes fêtes. L'Egypte était devenu le centre des amusemens ; mais bientôt un grand bruit fit retentir, dans tout l'Orient ; une nouvelle descente, et tandis que Bonaparte flattait notre bravoure, les pavillons de la Tamise et des Dardanelles se rassemblaient dans toutes les mers pour envahir la colonie.

An 9.

Les quatre premiers mois de l'an neuf se passèrent dans une singulière alternative. Des ordres du jour, des proclamations et des lettres particulières du Général Menou disaient qu'il était plus glorieux de mourir à son poste, que de traiter avec ses ennemis. Les Dromadaires traversèrent l'Isthme de Suez pour découvrir les frontières de Syrie. Ils parvinrent jusqu'à Gaza sans trouver aucun obstacle. Ces intrépides coursiers se portaient au même instant sur tous les points de l'Egypte. On fut long-temps rassuré, par ces fidelles espions, sur les mouvemens de la Syrie, et nous jouissions de la paix la plus profonde, lorsque nos ennemis, prêts à déborder sur Aboukir, firent courir le bruit que l'armée des Turcs était campée dans le désert de Katier.

Le 13 ventose, le Général Friand écrivit d'Alexandrie qu'une Escadre formidable le menaçait. Il demandait au Général en chef de lui laisser la gloire d'exterminer ces nouveaux ravisseurs. Menou, croyant avoir deux armées à combattre, et connaissant la faiblesse de ses avant-postes, ne savait de quel côté tourner ses armes. Ses délais exposaient l'Egypte à des dangers d'autant plus réels, qu'il pénétrait moins la feinte des Puissances coalisées. Cependant son courage, animé par l'amour de la patrie, lui faisait braver les coups dont il était menacé. « Si l'ennemi, dit-il, se présente » par mer, nous le culbuterons dans les flots ; » s'il vient du côté du désert, nous lui ferons » mordre la poussière ».

Friand lui apprit, le 16, que les Anglais avaient débarqué, en si grand nombre, à une lieue d'Aboukir, qu'il avait été forcé de battre en retraite dans Alexandrie, après avoir fait un grand ravage dans leur armée. Les gens qui avaient des connoissances militaires, regardèrent la réussite de cette descente comme le coup le plus fatal, et la première lettre de Friand comme une inconséquence. On entendait publier ailleurs que Menou mettait trop de lenteur dans ses opérations. Nos ennemis devenaient tous les jours plus entreprenans, et le Fort Aboukir allait succomber. Reynier marcha, le 17, vers la Syrie, et Lanus sur Aboukir. Ce dernier fit une marche si forcée, que le 22 il se présenta, et fondit sur l'Armée Anglaise. Jamais action ne lui fit plus d'honneur. Trois mille Français disputèrent la victoire à dix-huit mille Anglais. Le 22e des Chasseurs rompit leurs rangs, et en fit un carnage affreux. La valeur succomba enfin sous le nombre, et nos cavaliers, couverts de gloire, furent forcés de se retirer, après avoir coupé, pendant quatre fois, leurs lignes. Ce fut à cet instant que Lanus, après avoir mis six mille hommes hors de combat, alla couvrir la place d'Alexandrie. Les Anglais, intimidés par tant de courage, retrogradèrent sur le bord de la mer.

Le Général en chef, s'étant assuré par de nouveaux espions, qu'il n'avait rien à craindre du côté de la Syrie, descendit sur Aboukir, avec ordre au Général Damas dans la Haute-Egypte, Reynier à Belbeïs, et Rampon à Damiette, de le joindre avec leurs troupes disponibles. Presque tous les Français descendirent de tous les points de l'Egypte pour servir de rempart au Général en chef, et décider du sort de la colonie. Il ne resta que trois cents hommes au Fort de Ssaléhhieh ; trois cents à Damiette, deux cents à Suez, cent à Belbeïs, trois mille au Caire, deux cents à Rhamanieh, deux cents à Rosette, et six mille dans Alexandrie.

L'armée Française réunie fut en présence de l'ennemi, le 29 ventose. Elle était forte de dix mille hommes d'infanterie, et de deux mille de cavalerie, l'armée Anglaise, au nombre de vingt-deux mille se tenait sur le bord de la mer, derrière des monticules énormes de sable.

Sa position était des plus avantageuses. Elle se trouvait dans un angle dont l'un des côtés répondait à la mer, l'autre au Lac Madié, et le troisième était hérissé de batteries.

Bien que nous fussions en rase campagne, les nombreuses cohortes d'Angleterre, pressées derrière leurs dunes inaccessibles, ne vinrent pas à notre rencontre. Des prisonniers assurèrent que les affaires de Friand et Lanus les avaient intimidés. Nos soldats demandaient la bataille, en chantant des airs guerriers. Nulle autre troupe del'univers n'aurait osé les attaquer.

Lanus est placé dans le centre, Rampon et Friand à gauche, Damas et Reynier à droite. Les ténèbres du 30 ventose couvraient encore l'atmosphère, la voix de Menou se fait entendre, les détonations de nos batteries, semblables à la foudre des Dieux, mettent les élémens en feu. Les Anglais épouvantés embrâsent leurs monts de sable.

Nos Divisions marchent au pas de charge. Le brave Lanus se trouve le premier au pied des retranchemens, et reçoit le coup mortel. L'aile gauche force les redoutes de son côté, la droite est immobile au milieu du feu. Menou, voyant pencher la balance, met toutes ses forces en action. Le successeur de Lanus déploie sa colonne serrée avec des pertes considérables. La cavalerie s'élance à la tête de l'armé, se fraye une route périlleuse sur les cadavres, et glace d'effroi vingt-deux mille Anglais. Son étonnante valeur lui fait couper, l'arme blanche à la main, les premières lignes de l'ennnemi, et pénétrer jusqu'aux rangs les plus reculés. Deux Bataillons de la 21.e secondaient son courage. Déjà les Anglais s'ébranlaient; Abercombrie, leur Général en chef, était blessé à mort. Menou allait triompher, la fortune lui sourit un instant. Il court dans les Divisions pour rallier les soldats dispersés, et se jette de nouveau dans le torrent des balles. Le soldat obéit, suit ses pas, et est repoussé pour la seconde fois. 800 Cavaliers se replièrent sur nous en sabrant comme des désespérés; les autres restèrent dans les redoutes, morts, blessés ou prisonniers. Abercombie, se voyant vainqueur, s'écria : *Je meurs content d'avoir battu la première Armée du monde.*

La retraite des Français se fit avec autant d'ordre et d'une manière si imposante, qu'ils essuyèrent, sans se désunir, une canonnade et une fusillade terribles. Si la bravoure de l'ennemi eut égalé la nôtre, il pouvait entrer avec nous dans Alexandrie, et se voir, dès ce moment, le maître de l'Egypte.

La mer faisait jaillir des flots de sang. Le chemin d'Aboukir à Alexandrie fut couvert de morts et de blessés. Nous eûmes trois mille hommes hors de combat; la perte des Anglais fut au moins aussi considérable.

Jamais la consternation n'a été si générale. Personne n'osait se regarder en face, ni s'adresser la parole ; et ce morne silence était moins l'effet de la terreur que de l'humiliation.

Les Anglais n'ont dû leur salut qu'à la mésintelligence des Généraux, à l'immobilité absolue de l'Aile droite, à la précipitation excessive du centre, et au défaut d'harmonie entre l'Infanterie et la Cavalerie.

Menou voyant les fondemens de la colonie s'écrouler, se retrancha dans Alexandrie, et fit descendre du Caire à Rhamanieh la 9.e Demi-Brigade.

Le bruit de la victoire des Anglais attira sur Aboukir une armée de Turcs, commandée par le Capoutan-Pacha. Ces êtres vils, voyant, du côté de la Syrie, nos postes affoiblis, firent avancer une autre Armée dans l'Isthme de Suez. La Haute-Egypte était menacée par une Flotte de l'Océan oriental. Les Vaisseaux de la Mecke couvraient la mer Rouge. Les Arabes, nos alliés, se mirent contre nous : une maladie funeste nous enleva Mourat-Bek. La mort de ce grand homme fit mettre les Mameluks du parti de nos ennemis, et le peuple Egyptien nous voyait avec une froide indifférence. Ainsi les Français, toujours constans dans leurs plus grandes infortunes, regardaient sans émotion tant de peuples différens venir des bouts du monde, pour se disputer lâchement leur proie. Tel est l'état déplorable que le sort destine aux vaincus : les peuples d'Orient sont dans la barbare coutume, pour s'attirer les bonnes graces du vainqueur, de tomber, avec cruauté, sur le plus faible. Ils regardèrent les grands conquérans comme des Divinités. Le Divan du Caire appelait Bonaparte l'*Epée de Dieu*, Kléber *la terreur des Turcs*. Menou n'avait pas eu le temps de se faire connaître. Il se voyait dans l'impossibilité de débloquer le Fort Aboukir, et de défendre toutes les frontières d'Egypte.

L'Armée, quoique disposée à combattre jusqu'à la mort, reconnaissait déjà sa chûte ; et l'esprit de jalousie qui divisait les Généraux, accélérait notre ruine.

Les Administrateurs et les Militaires les plus distingués d'Alexandrie envoyèrent chercher leur butin au Caire. On écrivait les lettres les plus alarmantes. On regardait Suez, Ssaléhhieh, Belbeïs, Damiette, la Haute-Egypte et le Caire entre les mains des Stambouls, des Cipayes, des Meckins, des Mameluks.

Je me trouvais alors à Ssaléhhieh. Les Turcs forcèrent la garnison. Trois cents Français se battirent contre trois mille hommes de leur avant-garde jusqu'aux portes du Caire. Celle de Suez, pressée par les troupes de la mer

Rouge, fut obligée d'évacuer pendant la nuit, et de se rendre au Caire par la vallée rocailleuse de l'*Égarement*. Elle traversa, pendant trois jours, les gorges brûlantes du Mokatan. Les chameaux y périrent, et beaucoup de soldats allaient subir le même sort, lorsqu'un Arabe, touché de compassion, indiqua, au milieu du chemin, l'eau d'un torrent qu'il avait trouvé dans le creux d'un rocher.

La Garnison de Ssaléhhieh fut rendue au Caire, le 21 germinal; et celle de Suez, le 23. Belliard, commandant de la Place, tira une ligne de défense du Mokatan jusqu'au Nil. Les aqueducs formaient les retranchemens du sud. Les batteries de l'extrémité septentrionale de l'île de Rhouadah devaient arrêter les flotilles combinées, et Gizzé, sur le bord du Nil opposé, fut sur le champ cerné de *flèches*.

Les travaux se firent avec une précipitation étonnante; plus de trois mille ouvriers y travaillaient sans interruption. L'infatigable Belliard volait de retranchemens aux Forts, et se trouvait aux divers postes, à toutes les heures du jour et de la nuit.

Pendant trois jours, le tumulte des armes et l'empressement que les familles Françaises mettaient à sauver leurs meubles et leurs trésors, produisirent un boulversement dans la Capitale. La Citadelle reçut et défendit des richesses incalculables. Les principaux chefs de la ville, les plus suspects, furent saisis au milieu des habitans. Ces précautions prises, Belliard ne pensa plus qu'à conduire le Caire par une sage politique. Il y réussit si merveilleusement, qu'avec trois mille hommes il contenait cette vaste enceinte, et retenait, dans les déserts, les Puissances coalisées.

Le Général en chef était toujours dans Alexandrie. Les Anglais d'Aboukir recevaient continuellement de nouveaux renforts. Le 25 germinal, ils rompirent la digue du Lac Madié, et les eaux de la mer submergèrent une partie de la Basse-Egypte. La communication fut interceptée entre le Caire et Alexandrie, et les courriers *en dromadaires* traversèrent une plaine d'eau salée.

Rosette, un des points les plus importans de la Basse-Egypte, était menacée. Les Anglais, pour sortir des déserts, poussaient des reconnaissances sur cette Place. Menou allait lui envoyer du secours; mais il mit tant de lenteur à cette expédition, que les ennemis précédèrent notre arrivée. Deux cents *invâlides*, dans un mauvais Fort de briques, se rendirent après un siége de huit jours, avec tous les honneurs de la guerre.

Le Général en chef, voyant que ses faibles forces ne lui permettaient pas d'en entreprendre le siége, envoya à Rhamanieh quatre mille hommes d'infanterie et huit cents de cavalerie sous les ordres de Lagrange. Ces soldats infatigables campèrent sur les deux rives du Nil. Ils se voyaient encore maîtres d'une portion de la Basse-Egypte, et de tout le Delta. Ils furent même assez hardis pour se présenter plusieurs fois aux portes de la ville. Nous n'avions plus, à cette époque, que le Caire, Rhamanieh et Alexandrie.

La garnison de Damiette, se voyant enveloppée des Turcs par mer et par terre, évacua le 25, pour ne pas tomber entre les mains de ces barbares, erra, pendant trois jours, au milieu des Arabes du Delta, et s'embarqua sur un bâtiment Français du Lac Burlos.

La Haute-Egypte était inondée de Meckins débarqués à Cosseir. Les Mameluks de Mourat-Bek s'étaient définitivement réunis aux Anglais. Ils se présentèrent, le 20 floréal, au nombre de dix mille à Rhamanieh. Leur flotille, aussi redoutable qu'une escadre, se trouvait à portée de canon des batteries du Nil. On se canonna toute la journée. Lorsque les ennemis faisaient des mouvemens pour nous entourer, notre cavalerie chargeait avec tant d'impétuosité qu'elle les repoussait toujours avec des pertes considérables.

Lagrange évacua la Place à la faveur de la nuit, abandonna ses Forts, ses magasins et un convoi de barques très-important. Le 24, au matin, son avant-garde entrait dans le Caire. Le Général Belliard en fut d'autant plus étonné, qu'il avait envoyé, depuis trois jours, à sa demande, de la grosse artillerie et quatre-vingt canonniers, qui furent pris dans le canal de *Menouf*. Il se servit de ces mêmes troupes pour marcher, vers la Syrie, contre l'armée du Visir, qui l'avait déjà sommé de se rendre.

Le soldat, succombant de fatigue, partit sans murmurer, et n'était soutenu que par son courage. Ce suprême Visir, qui demandait nos armes, fut atteint le troisième jour. Je dirigeais le service chirurgical de la Division Lagrange. Nous traversâmes une nuée de Stambouls, de Mameluks, de Syriens et de Cipayes. On nous enveloppait, et on nous découvrait tour à tour. Nous les chassions de la hauteur dans la vallée, et de la vallée sur les hauteurs. Enfin Belliard, fatigué de leur présenter la bataille avec des dispositions différentes, leur enleva deux pièces de canon. Il était prêt à déborder sur Belbeïs , il fit même quelques mouvemens en avant, pour voir si on le poursuivrait. Les ennemis, au lieu de l'arrêter, galoppaient sur le Caire. Il vit alors que trois armées allaient arriver avant nous, sous ses murs ; celle du Visir, celle des Anglais, réunie au Capoutan-Pacha

Pacha et aux Mameluks de Mourat-Bek, et celle des Meckins dans la Haute-Egypte.

Belliard, convaincu qu'il était dangereux d'aller plus loin, fit un demi-tour, et se porta en droite ligne sur le Visir. Alors les Turcs pensèrent plus à éviter nos coups, qu'à nous redemander nos armes. Il continua sa marche vers le Caire, en arrêtant le torrent qui allait s'y précipiter. Ce furent les derniers efforts de cette armée.

Les *Dromadaires* portèrent, à travers les déserts de la Lybie, l'état de notre situation au Général en chef. Nous fîmes rapidement plusieurs découvertes foudroyantes pour pénétrer dans les villages voisins, et lever des contributions en vivres et en argent.

Dix nations différentes étaient prêtes à nous engloutir. Le Caire n'était retenu que par les prédictions du *Prophête*. Ce Devin, favorable aux Français, puisait ses prophéties dans la bourse *magique* du Général Belliard.

Le 19 prairial, toutes les armées ennemies de terre et de mer se présentèrent autour du Caire et de Gizzé. Les nations jalouses de ce riche pays, croyaient se couvrir de gloire en nous arrachant si honteusement une aussi belle conquête. Belliard se rendit rédoutable jusqu'au dernier moment, résista contre tous leurs efforts; et chaque Français se serait fait marcher sur son cadavre, si les habitans n'eussent demandé du pain.

Ce petit nombre de soldats, qui, depuis trois ans, avait battu plus de 300 mille hommes de peuples différens, et qui se fut rendu, une troisième fois, maître de l'Egypte avec le Chef qui l'y avait conduit, a fait consentir les plus orgueilleuses puissances à lui fournir des bâtimens et des vivres pour retourner dans sa patrie, à porter son butin et ses armes, à mener les familles du pays qui ont voulu le suivre, à faire respecter les personnes et les propriétés de ceux, qui, restant en Egypte, s'étaient déclarés pour les Français, à passer en France les superbes chevaux de Tatah, les plus belles jumens du Delta, et tous les objets précieux trouvés dans les monumens des anciens Egyptiens.

Le sort d'Alexandrie n'était point encore décidé. Dix mille Anglais étaient en observation sous ses murs.

Le Général Menou publiait qu'il ne capitulerait jamais. Il contraignit Reynier, Damas et l'Ordonnateur Daure à partir pour France. Ces Généraux furent remplacés par beaucoup de nominations.

Pendant tous ces troubles et ces dissentions scandaleuses, Belliard évacuait le Caire. Son armée sortit le corps de Kléber du fond de sa tombe, et porta ses cendres en France. Les Anglais firent honneur aux mânes de ce grand homme; le Visir, son assassin, eut la noire hypocrisie de saluer ses ossemens à coups de canon.

Nous campâmes devant Gizzé, le 6 thermidor. Une colonne de douze mille hommes formait le noyau de la première armée du monde; mais ce noyau n'était pas dans toute son intégrité. On comptait moins de baïonnettes que de gens estropiés. Le soldat, quoiqu'affoibli, ne respirait encore que la guerre, et la plus petite rixe, ou le moindre signal eut peut-être suffi pour cueillir les mêmes lauriers de la bataille d'Héliopolis.

Héliopolis n'a pas été le seul endroit où très-peu de troupes bien disciplinées aient détruit des armées innombrables. Scipion l'Affricain défit, avec six mille Romains, Antiochus-le-Grand, à la tête de soixante mille hommes. Trois cents Lacédémoniens arrêtèrent aux Thermopyles, l'armée formidable de Xerxès, roi de Perse. Sans rappeler les victoires d'Alexandre sur Darius, que n'a pas fait Moreau dans le Nord, Massena dans la Suisse! Bonaparte a vaincu les Wumser, les prince Charles, et tous ceux qui l'ont combattu, en nombre toujours inférieur. Kléber disait souvent qu'il lui réconnaissait des talens dont on n'avait pas vu d'exemple.

Nos troupes défilèrent en bon ordre. Les Anglais et les soldats du Capoutan-Pacha précédaient leur marche. Les Mameluks gardaient les derrières. La flotille ennemie suivait le convoi du fleuve, et marchait de concert avec les armées de terre. Le visir entra dans le Caire, les Cipayes s'emparèrent de la Citadelle, et les Meckins restèrent dans la Haute-Egypte. Huit cents Français s'enrôlèrent, pendant la route, avec les Mameluks. La désertion des troupes auxiliaires fut aussi très-considérable.

Notre marche se fit avec une parfaite tranquillité. Nous agissions avec nos ennemis comme en temps de paix. Le pavillon Turc flottait sur le Fort Rhamanieh, la garnison *faisait divan* sur les murs, et s'était costumée en grande tenue pour nous voir défiler. Tous les villages portaient des vivres aux Français, et donnaient à connaître qu'ils abhorraient leurs nouveaux maîtres. Les paysans venaient vers nous réclamer justice, comme si l'Egypte n'eut point passé en d'autres mains.

Les armées suivirent toujours la branche de Rosette. Je ressentis, en m'approchant de la mer, un climat plus tempéré que celui du Caire. On passa à sec le canal d'Alexandrie. Le Nil se trouvait dans le moment de sa crûe, et prêt à y déborder. Je vis, à douze cents toises plus bas, la ville de *Foët*; elle forme, sur le bord opposé du fleuve, un magnifique amphithéâtre. J'apperçus ensuite *Scindiouk* et *Dahoure*, grands villages que le Nil sépare. La campagne en est magnifique, et l'agriculture se rapproche un peu du genre Européen. On distingua bientôt les hauts *Minarets* de *Finy* et *Montobis*, environnés de riches jardins et de prairies émaillées de fleurs. Plus bas les ruisseaux se multiplient à l'infini, et les fléxibles rosaux couronnent les bords du Nil.

Nous nous séparâmes, à une lieue de Rosette, des troupes étrangères. Les unes se retirèrent dans cette place; les autres se portèrent directement sous les murs d'Alexandrie.

Le peu de temps que je fréquentai les ennemis, me persuada que les Anglais et les Turcs étaient réciproquement en aversion. La différence de religion eut fait supporter ensemble deux puissances civilisées; mais les mœurs barbares et le fanatisme des Mahométans ne pouvaient que paraître abominables aux yeux de peuples policés. Ces ignorans qui se disaient les maîtres de la terre, n'eurent aucune considération pour les Anglais, leurs sauveurs, qu'ils regardaient comme des gens salariés. Ils se sont, plusieurs fois, porté aux actes les plus criminels, sous le nom horrible de combat sacré (1) ; et plusieurs Anglais en furent les victimes.

L'Armée Française, arrivée au camp de Rosette, traversa la plaine de sable qui l'environne, cotoya le Lac *Etcho*, et se rendit sur le rivage de la mer. La vue de cet élément me fit naître de nouvelles idées. Quatre heures de marche nous firent arriver à la Maison-Quarrée. Nous passâmes le pont du Canal *Madié*, et nous défilâmes entre le Lac et la mer, jusqu'à une lieue d'Aboukir, endroit destiné pour notre embarquement.

L'effet qu'avait produit la rupture de la digue, étonna tout le monde. Il n'existait presque plus de ligne de démarcation entre le Lac et la mer. Les eaux allaient du côté opposé se jeter sur Damanhour. Les sables qui séparaient jadis les Lacs Etcho, Madié et Maréotis, ne présentèrent plus qu'une nappe d'eau. Les Anglais ne s'attendaient pas à ce désastre affreux. Si le canal d'Alexandrie est jamais inondé, il faudra des réparations au-dessus de la force humaine, et cette ancienne cité portera son nom au milieu de ses ruines. Tel sera le triste gage d'amitié que les Anglais laisseront aux Egyptiens.

---

(1) Les Turcs appellent *Combat Sacré* l'asssssinat d'un Chrétien.

Notre embarquement dura six jours. Je fus chargé de diriger le service des hôpitaux vénériens pendant la traversée.

On laissa Menou réduit à ses propres forces. Nous pensions qu'il se ferait admirer de l'univers par une résistance sans exemple (1).

Belliard s'embarqua le dernier. Nous avons mis à la voile, le 20 thermidor. Le nord-ouest nous arrêta, pendant dix jours, devant Aboukir. Nous tirâmes ensuite de longues bordées jusqu'à *Finica*. Le huitième jour le bâtiment sortit du mouillage, se présenta deux fois devant Candie, et pendant deux fois la tempête nous fit refouler la pleine mer. L'Equipage fut chercher le calme dans le Port, de Rhodes.

Cette île, si connue dans l'histoire, par les nations qui se la sont tour à tour disputée, forme, avec les montagnes de la Natolie, une des plus belles baies du monde. La ville

---

(1) Le Général Menou a tenu parole. Il ne s'est rendu qu'au moment où il allait être englouti. Les maux, les privations qu'il a partagés avec son Armée, pendant le siége, sont incalculables et au-dessus de toute expression. Sa belle défense ne peut être comparée qu'à celle du *Favori de la Victoire*, Massena, dans Gênes, ou à celle de Merlin, de Thionville, dans Mayence.

s'élève en amphithéâtre sur le bord de la mer. Les maisons de campagne s'étendent jusqu'au sommet du mont. Les fruits y sont délicieux. L'entrée du port est serrée par deux petits rochers, sur lesquels on a bâti deux tours à 300 pieds de distance.

Rhodes a été fameuse par la statue gigantesque d'Apollon. Ce colosse, haut de soixante-dix coudées, avait les pieds posés sur les deux rochers, à la place des deux tours, et tenait ses jambes écartées pour laisser passer les bâtimens. Elle fut renversée, comme on sait, par un tremblement de terre, peu de temps après qu'elle fut élevée. Les habitans m'ont assuré qu'en plongeant de la tour de l'ouest, on voyait encore le pied gauche.

Cette ville est défendue par des remparts environnés de grands fossés, et d'une citadelle bien gardée. Le peuple est si barbare qu'il fait gémir dans les fers les malheureux Français que la tempête a jetés dans ses ports.

Les Rhodiens ont été cependant de très-grands hommes. Ils ont autrefois excellé dans la peinture et la sculpture. C'est ce qui a fait dire à Pausanias, à Pline et à Pindare que Minerve leur avait donné l'art de faire toutes sortes de beaux ouvrages. On voyait leurs rues remplies de statues presque vivantes. Personne n'ignore que les Chevaliers de Malthe prirent Rhodes, en 1309, sur les Sarrasins, et que Solyman II la reprit sur eux.

An 10e.

Nous mouillâmes dans le port le 29 fructidor, et nous en sortîmes le 5 vendémiaire. Le bâtiment passa entre l'île et la Natolie ; il se trouva, le troisième jour, au milieu des îles Sporades. Les eaux de la mer s'élevèrent en forme de montagnes, et nous jetèrent, pendant vingt-quatre heures, autour des rochers affreux. On découvrit, les jours suivans, pour la troisième fois, l'île de Candie. Une douce mer fit jaillir ses flots légers, et l'on avança peu à peu entre Candie et les îles Cyclades.

Voilà, dis-je, cette fameuse Crête où l'Amour et Venus eurent des temples. Voilà le Mont Dictée, ce Mont sacré où Jupiter suça le délicieux nectar et la douce ambroisie de la chèvre Amalthée. Je découvris ensuite les flancs escarpés du Mont Ida, où était le fameux labyrinthe de Crête.

Le vent du nord nous poussait toujours contre Candie. Le capitaine, craignant de se briser sur la côte, vira de bord, et passa au sud de l'île. Il la doubla le cinquième jour. L'île de Cythère s'offrit bientôt à nos yeux. Il me semblait voir Vénus fendre les flots de la mer avec ses blanches épaules. Je fus en même temps convaincu qu'elle ne fréquentait plus ces lieux solitaires, et que la tempête prénait souvent la place du zéphir.

Le 12 vendémiaire, la vue de la Morée fut un signe sinistre pour les navigateurs. Des sombres nuages obscurcirent le brillant éclat du soleil. Une pluie terrible mêla les eaux du ciel aux eaux de la mer. Les vents courroucés des quatre points du globe, déchirèrent nos voiles. Les vagues nous portaient de l'abîme dans les nues, et le monde semblait rentrer dans le cahos. Mais les Dieux qui se jouent de l'univers, firent succéder le calme à la tempête.

Après deux mois de navigation, nous entrâmes dans le Port de Malthe. Le Lord Keitt était déjà de retour d'Aboukir avec toute sa flotte. Il nous fit passer la capitulation d'Alexandrie.

Menou soutint, plusieurs jours, le siége de la Tour des Arabes contre toutes les forces des puissances coalisées. Les ennemis ne lui accordèrent que ce que l'honneur ne peut refuser à une armée qui fut toujours victorieuse.

Le 28, nous reparûmes en pleine mer. Un petit vent du sud nous poussa entre la Pantélarie et la Sicile. Il fut impossible de doubler ces îles funestes, sans payer le tribut de tous les marins. Une mer *houleuse*, des brouyards épais et des vents contraires, firent échouer nos manœuvres. Un roulis qui m'arrachait les entrailles, fit pencher le bâtiment jusqu'au 43.e degré. Nous mouillâmes, le 9 brumaire, à l'île Saint-Pierre.

On se remit en route, le 12. Un vent frais fit doubler la Sardaigne en moins de vingt-quatre heures, et nous arrivâmes en France, après avoir lutté, pendant trois mois, contre les flots.

Je ne fus pas maître, en revoyant ma patrie, de retenir les transports de ma joie. Les exclamations du peuple de Marseille, le son du canon et de la musique faisaient répéter tous les échos de la côte. Bonaparte, touché des calamités qu'avaient produites tant de révolutions malheureuses, venait de mettre un terme aux maux des Nations. Je vis ce jeune fils de Mars, déjà courbé sous le poids des victoires, pacifier l'univers, et arriver au but que les César et les Alexandre n'avaient pu atteindre. Je vis le Dieu des héros assis sur le trône de la justice, devenir l'arbitre des habitans du globe, l'idole des Français, et le peuple lui élever des monumens de reconnaissance. La concorde et l'union faisaient mouvoir cette République. Plus d'esprit de parti, plus de haines particulières. On avait brisé les ressorts de l'anarchie, les lois étaient dirigées par la force du tonnerre, et leur glaive rédoutable frappait sans pitié les perturbateurs de la société.

SECONDE PARTIE.

DESCRIPTION DE LA BASSE ET HAUTE ÉGYPTE.

DU DELTA.

Le Delta ressemble à un vaste jardin de forme triangulaire. Le côté du nord est borné par la Méditerranée, et forme la bouche Sébennitique. Le côté de l'Orient est mouillé par les eaux de la branche de Damiette, et celui de l'occident par celles de Rosette.

Il est divisé en deux Provinces. Menhouf est la capitale de la supérieure ; Méhallé-Elkebire de l'inférieure.

Des canaux sans nombre arrosent ses terres. Ceux de Menhouf et de Mehallé-Malek débordent chaque année, et sont les plus considérables. Ses fruits sont excellens et sa grande fertilité est une source intarissable de richesses. Les Arabes errans y font des fréquentes incursions, ravagent les troupeaux, et pillent les villages.

Le Ventre-de-Vache se trouve dans une

superbe position. La nécessité de se fortifier donnera, dans la suite, l'idée à quelque conquérant d'y fonder une ville. Environné du Nil et de canaux, il ne faudrait que de grands retranchemens pour couler tous le bâtimens qui oseraient en approcher. Cette cité serait au centre de l'Egypte, et dans le sein de l'abondance. Elle recevrait par mer et par terre, les marchandises de toutes les nations. Bientôt les habitans du Grand-Caire y porteraient leurs richesses, et la rendraient la plus agréable et la plus commerçante de l'Orient.

DESCRIPTION DU NIL

DEPUIS LE CAIRE JUSQUA THÈBES.

Si l'on tirait une ligne droite de l'île de Rhouadah à Thèbes, une des extrémités répondrait au nord, et l'autre au sud. Ce trajet de cent vingt lieues est doublé par les coudes et les détours que le Nil fait sans cesse de l'est à l'ouest.

On trouve de distance en distance des petites îles que les inondations font singulièrement varier. Elles sont toujours arrosées et toujours verdoyantes.

Rien de plus fréquent que les nombreux attérissemens, où vont se reposer les crocodiles. Ces amphibies s'y plaisent dans les chaleurs excessives. Ils s'approchent, dans l'été, de 80 lieues du Caire ; mais ils sont si sensibles au froid, qu'ils se montrent tous au-dessus de Thèbes, dans les autres saisons.

M. Maillet raconte que, vers Esné, on en voit de si prodigieux, qu'ils arrêtent les caravanes. Ces animaux, au contraire, évitent l'approche de l'homme, et s'écartent rarement de leur humide séjour.

Je ne m'arrête point à l'histoire du crocodile et de l'Ichneumon : c'est une fable très-accréditée. Il est étonnant que Pockocke et bien d'autres voyageurs aient osé la publier.

On voit rarement le crocodile sans trouver, sur les bords du Nil, quelque pélican, qui l'accompagne. Larrey nous démontra que ces deux animaux faisaient la chasse ensemble. Les poissons n'évitent la dent meurtrière de l'un, que pour tomber dans le gibet de l'autre.

La Basse-Egypte adorait le crocodile comme le Dieu du Nil, parce que sa présence était le signe d'une grande inondation.

La Haute-Egypte le regardait comme la bête la plus hideuse et la plus horrible. Les marins

---

M. Maillet, page 32.

de Cum-Ombos l'adoraient pour éviter sa colère. On a cependant vu des hommes s'armer d'une lance, et l'attaquer au milieu des flots.

Les autres poissons ne sont pas délicieux. Il en est que nous ne connaissions pas, et que les naturalistes ont examinés.

Les saules verts, les frais peupliers et le vert gazon ne font point, comme en Europe, les délices des voyageurs. L'étoile ardente du jour dessèche, sans relâche, le noir limon de ses rives.

Le débordement commence du premier au six messidor ; il augmente d'une manière successive jusqu'aux cinq jours complémentaires. Les eaux se retirent ensuite jusqu'à la fin de germinal. Le Nil reste les deux autres mois de l'année sans augmentation et sans diminution. La mer monte pendant ce temps, le long des branches de Rosette, de Damiette, et se mêle avec l'eau douce. Les barques un peu grandes touchent alors le fond, et s'arrêtent à chaque instant. Les brigands des deux rives profitent de cette saison pour fondre sur vous, vous enlever votre bourse et votre vie.

L'an 6, le plus fort de l'inondation fut à treize coudées et deux pouces. L'an 7, les eaux ne purent aller que jusqu'à douze coudées et un pouce. L'an 8, elles s'élevèrent à dix-sept coudées. Je ne compte point quatre coudées que le fleuve a toujours au commencement de sa crûe. Plusieurs Orientaux osèrent me soutenir, avec leur gravité ordinaire, que le débordement avait une fois obligé le peuple d'Egypte à monter sur les dattiers.

La veille que les eaux devaient entrer dans les canaux, les Egyptiens faisaient de grandes réjouissances. Les habitans du Caire allaient en procession, sur le fleuve, et Bonaparte faisait rompre la digue en leur présence. Des cris de joie se faisaient entendre de toutes parts. Les Français et les Turcs s'embarquaient dans le canal, et pénétraient avec les eaux dans toutes les places publiques. C'était le seul instant où les belles Grecques fissent voir leurs traits charmans par les fenêtres.

Nous savons que les pluies d'Abyssinie sont la cause du débordement. M. Bruce, en donnant l'explication la plus satisfaisante de ce phénomène, combattit M. de la Chambre et tous les auteurs qui s'écartaient de la vérité.

N'entendons pas, par le mot d'inondation, la submersion totale des terres. Le fleuve ne coule, dans la Thébaïde, qu'à plein bord, dans sa plus grande crûe. Il submerge, dans la Basse-Egypte, des plaines et des déserts. Le limon qu'il dépose, réuni au sable que les vents entraînent des montagnes, fait continuellement exhausser le sol. Les statues de Thèbes et les monumens sont enfoncés plus d'une

L

toise dans la terre. Chaque couche d'exhaussement est marquée depuis les orteils jusqu'aux genoux. Je m'étonne que M. Bruce et quantité d'historiens aient insisté sur une opinion différente ; que le premier ose avancer que le piédestal de chaque statue soit au-dessus du niveau de la terre.

Bernardin de S.t-Pierre (1) croit que les colosses et les monumens sont ensevelis par l'action perpétuelle et insensible de leur pesanteur. Il faudrait croire, avec ce célèbre philosophe, que les Pyramides de Memphys et de Saccara se trouvent enfoncées, par leur propre pesanteur, dans le rocher sur lequel on les a bâties. L'encombrement de ces Pyramides est aussi considérable, à proportion de leur ancienneté, que celui des Monumens de Thèbes. On voit par-là que les plus grands hommes manquent quelquefois de justes idées dans les plus simples combinaisons.

Le Nil et les terres que ce fleuve arrose sont renfermés entre le Mokatan et les monts de la Lybie.

DE LA RIVE OCCIDENTALE.

Les Pyramides de Saccara sont situées au midi et à la suite l'une de l'autre de celles

(1) Tome 4, page 406.

de Memphys. La fausse Pyramide est élevée à vingt lieues de la première sur un grand monticule. Ces monumens sont ombragés au déclin du soleil par les monts de la Lybie. Ils ont, du côté opposé, une forêt de dattiers et d'autres productions qui augmentent les charmes de la campagne. Depuis la fausse Pyramide, les rochers se reculent vers l'occident, et forment un circuit vis-à-vis le Lac Mœris, le Fayoum et Benhesouet. C'est ici l'endroit le plus vaste de la rive occidentale. Le Lac était rempli par le canal Joseph. Il vivifiait les déserts qui l'environnent, et se déchargeait de ses eaux surabondantes dans la gorge qui coupe les montagnes de la Lybie. Hérodote lui donne 75 lieues de circuit, Pline 80, et Savary veut qu'il en ait encore 50. Il est cependant hors de doute qu'on reconnaît à peine les marques de son existence.

Des historiens prétendent qu'il avait dans le centre un labyrinthe, des statues gigantesques et d'autres monumens merveilleux. Tous ces édifices ont entièrement disparu.

La province du Fayoum est à côté de Mœris; et celle de Benhesouet se trouve sur le Nil, au 28.e d. 52 m. 0 s. de long. et au 29.e d. 9 m. 12 s. de lat. La ville est bâtie sans goût, et les habitans sont, ainsi que dans une partie de la Thébaïde, féroces et méchans. Ces vastes provinces sont des greniers intarissables, en fournissent les fruits les plus rares et les meilleurs de l'Egypte.

La ville de Miniet n'est éloignée de Benhésoüet que de vingt-trois lieues. Elle n'a point l'état d'une capitale de province. Deux Mosquées, d'une étonnante solidité, s'enfoncent dans le Nil, et forment un port agréable. Son commerce ne consiste qu'en toile de coton, en drogues et en blé.

Le canal Joseph, à quinze lieues plus haut, présente une bouche de cinquante toises de largeur. Il se rétrécit tout d'un coup, inonde Miniet, Sédiman et le Fayoum. De son ouverture à Sciouth, les plus riches productions couronnent les bords du Nil. La vallée diminue insensiblement, et les rochers viennent tomber sur le fleuve. Sciouth occupe la place de *Lycopolis*, et se trouve au 28.e d. 53 m. 17 s. long. et au 27.e d. 13 m. 14 s. de lat. L'architecture des maisons annonce des habitans aisés. On y compte dix mille ames de population. Les dehors sont embellis par des allées d'acacias et de beaux jardins. La montagne qui domine est percée de grottes à momie. J'ai passé dans un vallon où est un grand souterrain, avec des pilliers taillés dans le roc. On prétend que les payens y célébraient les fêtes des morts. Ces antres horribles et ces sombres voûtes ne sont plus habitées que par les chauve-souris, les chats-pards et les tarentes.

On trouve au-delà de Sciouth un vide immense. Les montagnes se reculent considérablement, et l'on entre dans une plaine fertile et riante. Les acacias forment de petits bosquets, et répandent des doux parfums.

Haboutig, quatre lieues plus haut, produit des pavots blancs, rouges et noirs. On y fabrique l'opium, qui est le plus grand commerce de ce pays.

Tatah, neuf lieues d'Haboutig, a la renommée d'élever les plus beaux chevaux de l'Egypte. Déjà un nouveau cap frappe la vue, laisse un petit passage entre le Nil et le roc, et vous découvre une campagne qui balance la précédente. Ce terroir fait partie de la Province de Girgé. Les melons et les pastèques donnent un suc délicieux. La ville est à vingt-sept lieues de Sciouth. Les Bazards (1) sont abondemment fournis de toutes sortes de marchandises; et les Cophtes font un grand agiotage des sequins de Venise, de Hollande, et des piastres d'Espagne.

Plus on s'enfonce dans le pays, plus on trouve de chrétiens. Le caractère et les mœurs

(1) Les Marchés.

des habitans éprouvent aussi des changemens favorables.

On apperçoit, dans le désert, le temple d'*Abidus*. Plusieurs appartemens voûtés excitèrent ma curiosité. Je reconnus que l'art de faire des voûtes remontait au-delà de ce qu'en ont pensé différens savans.

Neuf lieues plus loin, *Samenout* et *Farchiout* semblent mettre le terme à la fécondité. Bientôt le palmier de la Thébaïde prend la place de l'oranger, le chardon chasse le carthâme, et le *gramen* ronge la verdure.

Farchiout fabrique le sucre, et en fournit à toute la Haute-Egypte. Les femmes impudiques sont répandues dans beaucoup de maisons. Elles faisaient autrefois l'ornement des serrails que les Mameluks furent forcés d'abandonner.

Vient ensuite l'ancienne *Tentyra*. Ses beaux restes font honneur au génie des Tentyrites, et se trouvent dans le désert, au 30.e d. 24 m. 3 s. long. et au 26e d. 11 m. 2 s. lat.

MONUMENT DE TENTYRA.

TEMPLE D'ISIS.

Ce Monument est de forme parallélogramme. Il a cent pas de long et 54 de large. L'exhaussement du terrain ne permet pas de déterminer sa hauteur. Il est couvert à l'extérieur, d'hiéroglyphes en bas relief. Presque tous les personnages portent à la main des bâtons à tête de serpens. Ces signes nous annoncent déjà que ce temple devait être dédié à Isis.

Le sommet a différentes gouttières qui se terminent par des têtes de Sphynx, et supporte un village abandonné. L'entrée de ce bel édifice présente un ensemble de grandeur et de perfection. Les colonnes de la première salle ont à leurs parties supérieures, des figures humaines, et soutiennent un vaste plafond où se trouvent les douze signes du zodiaque.

Le premier signe commence à droite par *le Lion*, et se termine par un soleil qui darde ses rayons dorés sur la tête d'Isis. Tous les astres voyagent dans des barques, et poursuivent ainsi leur course ordonnée. Ces expressions sublimes portent nos ancêtres à l'immortalité, et prouvent que l'astronomie avait déjà fait beaucoup de progrès. Vansleb dit, d'après Macrisi, qu'il eut autant de fenêtres que l'année a de jours, et que chacune répondait à un degré de ce zodiaque. De sorte que le soleil jétait chaque jour ses rayons par une fenêtre différente. Ces deux historiens ne s'étaient point convaincus de la vérité sur les lieux.

Le second appartement n'a que trois colonnes de chaque côté. Les murs du troisieme sont couverts d'*Isis*, et reçoivent le jour par de longs soupiraux. Le quatrième, très-obscur, montre l'ouverture d'un souterrain plein de décombres. Ce souterrain fit jadis partie du rez-de-chaussée. Il est percé à droite par un corridor qui fait des contours en forme de limaçon.

Ce corridor communique avec plusieurs chambrettes, et présente la sculpture la mieux finie de tous les monumens de l'Egypte. Il aboutit, au sommet du temple, à côté d'un cabinet, où des oiseaux à figure humaine se chauffent aux rayons du soleil. Ce cabinet se rend dans un autre dont le plafond est empreint d'un zodiaque encore plus expressif que le précédent. Quatre *Isis* qui se correspondent tendent leurs bras vigoureux, et font tourner le cercle autour duquel les astres font leurs révolutions.

Répugnerait-il de penser que ce sont les quatre principaux Dieux des Egyptiens, c'est-à-dire, Jupiter qui présidait au soleil du printemps, Hercule qui était le soleil d'été, Sérapis le soleil d'automne, et Harpocrates le soleil d'hyver ?

On entre enfin dans le dernier cabinet. Des hommes étendus sur des magnifiques lits, montrent des figures souffrantes ; d'autres ont des serviteurs et des prêtres, qui font couler sur leurs plaies le baume bienfaisant des Dieux Ce ne sont point des Rois qui mangent étant couchés, ainsi que l'avance Diodore de Sicile (1) ; mais des malades qui se recommandent à *Isis*. Il est singulier, dit M. Audry (2), de voir les Egyptiens courir en foule dans les temples d'Isis ; les Grecs et les Romains dans ceux d'Esculape, pour être guéris de leurs infirmités.

On trouve, aux environs de Tentyra, des morceaux de ruines qui furent sans doute dépendantes du monument. Il est une chapelle, à quarante toises au nord est, composée de quatre chambres l'une devant l'autre. C'était-là le lieu particulier qui marquait la puissance d'Isis. Une foule innombrable de divinités la représentent sous differentes figures.

Les unes alaitent des enfans ; les autres portent à la main une boule. Les prêtres leur font des vœux et des offrandes, pour le soutien et la propagation de l'espèce humaine.

De Tentyra à Thèbes, les monts de la Lybie sont à peu de distance du Nil, et le vent du nord entraîne constamment le sable sur la rive.

Le temple *le Memnonium*, à 12 lieues plus haut, sera décrit avec tous les monumens de Thèbes.

---

(1) Diodore, liv. 1, pag: 53.

(2) Oracle de *Cos*.

De la Rive Orientale.

Je ne puis comparer, ni par les agrémens, ni par la fécondité, la rive orientale à l'occidentale. Le Mokatan qui la borde, entre et sort alternativement du Nil pendant cent lieues. Les pointes des rochers sont peuplées de pieux anachorètes ; et les terres qui remplissent les diverses excavations, n'ont pour cultivateurs que des voleurs et des assassins.

On voit, à une lieue du vieux Caire, l'entrée de la vallée rocailleuse de *l'Egarement*, et une ancienne mosquée que les Turcs visitent religieusement. Il en est qui viennent du fond de la Turquie pour y baiser le pied de Mahomet. C'est un membre décharné, plus mal propre et plus hideux que les ossemens qui roulent sur le bord des tombeaux. On fait ensuite seize lieues sur une lisière verdoyante pour arriver à *Sol*. Cette ville est située sur le bord du Nil, et fait face à 4 rochers coupés en pyramide. Il est vraisemblable que la forme de pareils objets donna l'idée aux anciens Egyptiens d'élever des pyramides.

Antinoë se trouve à trente lieues de *Sol*. Ses ruines s'apperçoivent du fleuve. Adrien fit bâtir cette ville en mémoire de son fils Antinoüs. Les rues sont tirées au cordeau, et terminées par des portiques. Le défaut d'hiéroglyphes m'a confirmé que ces monumens étaient de l'ouvrage des Grecs.

Kau, trente lieues d'Antinoë, est un misérable village à côté des débris de la fameuse Anthéopolis. Seize colonnes, rangées sur quatre faces, soutiennent des chapitaux décrépits. Les trésors de l'abondance ceigent, en frimaire, ces décombres curieux. Le Dourra se couronne d'épis dorés, les cannes à sucre élèvent leurs tiges vigoureuses, et les dattes, diversement colorées, se suspendent en groupes au sommet des dattiers.

Achmim, sept lieues plus loin, est une ancienne capitale de province. Cette ville ne paraît point dégradée, et contient sept a huit mille ames de population. Le nombre des fabricans fait fleurir le commerce. Les *Bazards* sont approvisonnés de toiles de coton, de draps à la Mameluk, d'indigo, de dattes, de sucre, de café, de papier, de savon, etc. Savary rapporte qu'il y a un temple comparable aux plus célèbres monumens de l'antiquité. Je n'ai vu que deux grandes pierres sur une desquelles se trouve le zodiaque. Les arbres fruitiers et la verdure donnent un air pittoresque à la campagne.

Un ancien auteur avance que c'est sur les monts voisins que l'Empereur Dioclétien fit disperser les membres de quatre-vingt mille chrétiens qu'il avait fait assassiner. Casseres-sayede est le dernier cap qui tombe sur le Nil. Les rochers forment ensuite un grand enfoncement, et la plaine ne se trouve plus interrompue.

Kenné est à la hauteur de Tentyra. Ses habitans sont doux et affables. Des arbres, des arbustes et des jardins nombreux l'environnent. Les Français élevèrent un Fort considérable du côté du sud. Cette ville sert d'entrepôt aux marchandises des Indes, de l'Asie et de l'Afrique. L'Océan, la mer Rouge et le Nil sont les soutiens inébranlables de son commerce. Les vaisseaux Anglais et les pirates qui couvrirent la mer Rouge, pendant notre séjour en Egypte, ne la rendirent point florissante. Nous reçûmes cependant, en abondance, du café moka, des étoffes de Perse et des marchandises d'Abyssine. On débarque le café au port de Cosseïr, et les chameaux, qui en sont chargés, ne restent que trois jours pour arriver à Kenné.

A deux lieues au-dessus sont encore quelques traces d'un canal qui se rendait du Nil à la mer Rouge. Les plaines qu'il arrosait sont devenues d'affreux déserts. Il est encore une route marquée, de distance en distance, par des puits. La ville de *Cophtos*, située à l'embouchure du canal, était alors le centre du commerce de la Haute-Egypte. *Cous*, triste village, occupe la place de cette ville célèbre.

De *Cous* à Thèbes, la chaîne du Mokatan se tient toujours à deux mille toises du Nil. Le *hachard*, le bannanier, le citronier, l'oranger, le palmier de la Thebaïde, le phaséolus, la vigne, les champs couverts de carthâme et de Dourra délassent le voyageur, et lui font goûter les charmes de la nature. On arrive, ébloui de ce spectacle ravissant, au temple de Karnac.

Le riz, le maïs et le dourra sont semés du 10 au 15 fructidor. Ils mettent quatre-vingt-cinq jours à leur maturité. On ensemence le blé au commencement de frimaire, sur la même terre qui vient de produire, et on fait, en floréal, les dernières moissons. Les jardins présentent alors des petites raves, des épinards, des carrotes, des melons, des pastèques, des abricots et différentes fleurs. Les vendanges pourraient être faites en messidor : les pêches et les prunes sont délicieuses, et les figues becquetées par les oiseaux. Les dattes, en fructidor, se colorent d'or et d'ébène. Les oranges, les citrons et les bannanes dédommagent, pendant l'hiver, des fruits des autres saisons. L'Egypte est encore enrichie par le coton, l'indigo, l'aloës, la gomme-arabique, les cannes à sucre, la casse, le séné, l'opium, le tabac, le safran bâtard, etc.

Le coton n'y est pas aussi bien nourri qu'à

Tunis. Il est difficile de l'alonger, sans que la fibre casse sousles doigts. La grande sécheresse de sa texture vient sans doute du défaut de pluie. Toutes les récoltes sont, à cause de l'éloignement du tropique, plus tardives dans la basse que dans la haute Egypte.

Pline dit que, de son temps, un grain de blé produisait en Egypte cent épis. Granger avance que les terres les plus voisines du Nil, celles sur lesquelles, dans le temps de l'inondation, l'eau reste quarante jours, ne donnent, dans les meilleures années, que dix pour un; et qu'à l'égard des terres où l'eau ne séjourne que cinq jours, c'est beaucoup lorsqu'elles rapportent quatre pour un (1). Le rapport du premier est aussi extravagant que celui du second se trouve ridicule. Toutes les terres qu'on arrose rapportent comme celles qui reçoivent le débordement, pourvu que le terrain soit sans mêlange de sable.

J'ai en vain interrogé les paysans sur ce sujet. Dans la crainte qu'on augmente leurs impositions, chacun répond d'une manière différente. Il est cependant prouvé qu'en calculant les productions des bonnes et mauvaises terres, le froment rend vingt-quatre pour

---

(1) Voyage en Egypte par Granger, pag. 8 et 9.

un, le maïs trente, et le dourra quarante. On trouve des grains qui donnent dix, quinze, vingt, vingt-cinq et même trente épis. Le labour ne coûte presque rien. En égratignant le sol avec une charrue armée d'un aiguillon de bois, c'en est assez pour amasser des trésors. On se sert indifféremment, pour le labourage, des bœufs et des bufles. Ceux-ci sont plus sauvages, et leur approche est très-dangereuse.

DES DÉSERTS.

Je regarde les déserts qui entourent l'Egypte comme les membres paralysés d'un corps dont il ne reste que le cœur, qui est le Nil. On y trouve par-tout de l'eau, en creusant moins d'une toise de profondeur. Ce n'a été qu'en cherchant les endroits du sol les moins nitreux que j'en ai bu de la bonne. Ceux qui font des découvertes aussi heureuses, regardent cela comme un phénomène. Divers enfoncemens dans les vastes plaines de la Lybie, contiennent de l'eau toute l'année. Les Arabes sèment des légumes aux environs, campent toujours à peu de distance, et y font paître leurs troupeaux.

Les *Oisis* d'Alexandrie, du Fayoum et de *Syenne* sont des petits jardins au milieu des plus affreux déserts. Les malheureux habitans creusent des puits, sèment de l'orge, et arrosent des grêles dattiers. Les Arabes errans, leurs protecteurs, parcourent, la même année, deux cents lieues de plaines brûlantes, et ne se substentent souvent que des dépouilles des caravanes.

Les déserts de l'Egypte, de la Syrie et de la Barbarie leur appartiennent. Ils se croient les hommes les plus libres et les plus anciens de la terre. Aucune puissance ne leur dicte des lois. Toute cette race est montée sur des bons coursiers, traîne après elle chameaux et bestiaux. Elle est divisée en plusieurs sections, qui communiquent ensemble par la paix et par la guerre. Ces fameux cavaliers ont quelquefois repoussé les armées Romaines, résisté aux Perses, battu les Ottomans, et bravé toutes les puissances de la terre. Pendant le règne des Français en Egypte, leur orgueil et leur audace furent profondément humiliés. Le Régiment des Dromadaires, formé par Bonaparte, les poursuivit jusqu'au fond de la Lybie. Ils nous intimidèrent en vain par quelques traits de bravoure; les soldats, durcis comme eux aux fatigues de la guerre et aux excessives chaleurs, les attaquaient sans relâche. Le fer et le feu les forcèrent à la retraite la plus déplorable. Leurs troupeaux et leurs richesses tombèrent entre les mains des Français. Bientôt nous apprîmes que les tribus ennemies gagnaient du côté de la Barbarie, et que

que trois hommes armés pouvaient voyager, en sûreté, aux mêmes endroits où des armées formidables furent arrêtées.

Leur ancienneté n'est pas révoquée en doute. Depuis Jacob jusqu'à Abraham, et aussi haut que nous puissions remonter, on trouve des tribus. Celles qui sont en paix avec l'Egypte, campent constamment dans les déserts de la Bahiré, dans la province de Charquier, le long de la vallée de la Haute Egypte et sur les bords de mer Rouge. Tous les villages éloignés du fleuve, sont habités par des Arabes dégénérés. Ces campagnards rentrent quelquefois dans les sables, et reprennent leurs brigandages.

On rencontre dans les plaines et sur les monts arides l'hyenne farouche, le chat-pard, la puante civette, le sanglier, les serpens, les tarentes et les tarentules.

Il est agréable de voir courir les autruches dans le désert de Ssaléhhieh, et les gazelles dans celui de Cosseïr. On est, dans certaines saisons, très-incommodé par les sauterelles. Les moucherons vous dévorent pendant la nuit. Les *mousquitières* y sont en usage comme dans les Provinces Méridionales de la France.

Les Français n'y ont point trouvé de mines de souffres. Aucun historien n'a parlé de réve-

M

lutions considérables dans la terre d'Egypte. Il n'est que Saint-Augustin qui nous ait annoncé cent villes embrâsées en Lybie par un seul tremblement de terre.

Le système des pluies, des bois et des forêts, n'est pas nécessaire pour se faire une idée des villes et de l'immensité des peuples qui habitèrent l'Egypte. Les rives du Nil n'étant point alors aussi exhaussées, le débordement couvrait trois fois plus des terres, et l'on retirait trois fois plus de productions. Ne sommes-nous pas convaincus que les Lacs *Mœris* et *Marëotis* ont existé ? Il est incontestable que ces immenses réservoirs furent aussi de puissans moyens pour vivifier des champs actuellement arides.

Certains auteurs, pour faire voir que l'Egypte est une nation toute nouvelle, disent reconnaître, aux coquillages répandus en divers endroits, qu'elle a été submergée par les eaux de la mer. Mais qui peut remonter à l'époque de la séparation de la mer Rouge et de la Méditerranée ? Et quelle est la partie du monde qui n'a point subi des révolutions? On pourrait faire des volumes entiers sur ce sujet sans être plus avancé. C'est sur les monumens qui s'offrent à nos yeux qu'il faut nous arrêter, et qu'il convient de nous instruire.

décrépit qui forme un point très-saillant derrière une colline du désert. Ce point est la terminaison de ces avenues.

Celles de la façade de *Luxxor* sont ornees de belles statues, et montrent des vastes compartimens. Les dessins et la sculpture varient sans cesse. Un million d'êtres symboliques des bateaux à la voile, de bâtimens chargés, et beaucoup d'objets differens, tendent agreablement l'esprit.

Le P. Vanseleb prétend qu'on y voit deux statues de la grandeur d'un geant, faites d'une seule pierre blanche comme l'albâtre, et qui ont une épée à côté. On trouve, à la verité, dans la seconde cour, deux statues colossales assises, qui regardent Luxxor. Elles sont couvertes de sable jusqu'aux genoux. J'assure que je n'ai rien vu de semblable à l'albâtre ni à une épée. Il n'entre pas même dans la pensée que les Egyptiens aient connu cette arme.

Chaque avenue finit par un portique d'une hauteur démésurée. On ne pouvait rien imaginer de plus beau pour relever la grandeur de Karnak Les deux allées de sphynx qui la terminent sont coupées à angle droit par une troisième, et se suivent parallelement jusqu'à Luxxor. Je vis encore, du même côté, le bassin où le peuple allait se purifier. Le canal qui lui portait les eaux du Nil est extrêmement dégradé. Il ne paraît pas étonnant que, dans une contrée où les chaleurs se font sentir d'une manière si vive, la base de la religion n'ait toujours été fondée sur des motifs aussi utiles que politiques.

MONUMENT DE LUXXOR.

L'entrée principale de Luxxor communique avec Karnak par les superbes allées de sphynx. Deux obélisques admirables s'élèvent à 90 pieds de chaque côté de la porte. Deux colosses assis sont placés derrière, et conservent cette gravité qui inspire le respect. On voit ensuite des murs si épais, qu'on est tenté de prendre les pierres entassées pour une pile de rochers.

Tant de grandeurs et de magnificence nous font connaître combien les anciens Egyptiens dûrent être dévoués à leur culte, et combien ils reconnurent la puissance de leurs Divinités.

La plus belle colonade qui ait jamais paru domine le temble. Vingt-huit colonnes, sur deux rangs, ont chacune quarante pieds de circonférence, et supportent des chapiteaux proportionnés à leur solidité.

L'intérieur du monument se dégrade chaque jour. Les cours, les salles et le temple à sacrifice servent de bergeries Les hiéroglyphes sont défigurés, et tous les décombres s'etendent jusques sur un coude du Nil.

MONUMENS DE LA RIVE OCCIDENTALE.

DU MEMNONIUM.

Ce temple n'est qu'un monceau de ruines. Les débris de la porte du Nil s'élèvent en forme de montagne.

Un horrible colosse est étendu dans la première salle. Ses membres et sa tête sont dispersés sur le sable. Certains historiens prétendent qu'un tremblement de terre le fit tomber ; d'autres, qu'il fut abattu par les mains sacrilèges de Cambyse.

Les tremblemens de terre sont si peu connus en Egypte, et cette masse énorme devait être si difficile à mouvoir avec des instrumens, de guerre, que je n'oserai prononcer. Ne se pourrait-il pas que, par le laps du temps, le mouvement des pôles lui eût fait perdre insensiblement l'àplomb ? Les colonnes de Karnak, les statues et les murs de tous les temples de Thèbes ne commencent-ils pas à perdre l'équilibre? Je ne m'appesantis pas sur cette dernière hypothèse : il faudrait un plus grand nombre de recherches et d'observations.

Sa couleur noire et sa grandeur démésurée ont donné lieu à beaucoup de discussions. Le nom du colosse n'est cependant point encore connu. Serait-il ce *Memnon* qui remporta tant de victoires, et fit les actions le plus frappantes. J'en donne des explications satisfaisantes en parlant des deux statues assises.

Au milieu de la salle voisine est une tête de Déesse couronnée. Elle montre sa belle figure et ses traits délicats parmi les débris de trois statues. On peut se convaincre, par ce chef-d'œuvre, que les anciens sculpteurs étaient dans le cas de finir un ouvrage. Ils sentirent aussi que la grossiéreté des traits devenait indispensable aux statues gigantesques.

Le quatrième appartement ne conserve que trente-deux colonnes décrépites, et le temple se termine par un portique délabré.

Les savans ramassèrent, dans le Memnonium, des morceaux infiniment curieux, qu'ils ont portés à Paris. Ils firent, dans la Haute-Egypte, une magnifique collection. Les uns se sont attachés aux médailles, aux *Dieux Pénates*, aux anciennes monnaies ; les autres aux antiques, aux papiers *Russes* et aux statues. M. Géoffroy, fameux naturaliste, fit des fouilles si heureuses, qu'il fût satisfait au-delà de ses espérances. On a réligieusement respecté les murs sur lesquels sont gravés les hiéroglyphes et l'écriture Egyptienne. Personne n'a rien dégradé, et chacun fut jaloux de laisser à la postérité beaucoup de monumens qui auraient pu aisément être enlevés.

TEMPLE DE MEDYNET-HHABOU.

Ce monument est au midi du *Memnonium*. Une ville inhabitée se trouve bâtie sur ses ruines. Les murs, les colonnes et les plafonds confondent leurs lourdes masses, et s'écrasent mutuellement. Les caractères hiéroglyphiques représentent des batailles sanglantes et meurtrières entre les Egyptiens et les Indiens. Les derniers étant vaincus sont attachés à des chars traînés par des chevaux. Au nord des murs se distinguent des combats sur le fleuve : des faisceaux de bras, de jambes et de parties génitales sont offerts pour trophée au vainqueur.

Rien de plus curieux que la chasse au lion. Les uns terrassent, avec adresse, ces bêtes féroces ; et d'autres, encore plus nerveux, tiennent sous leurs pieds frémissans, l'animal furieux, qui tourne en vain, pour se défendre, sa tête menaçante et ses dents meurtrières. J'ai franchi des tas effroyables de décombres, pour pénétrer, de portail en portail, dans la dernière salle. Cent jeux divers concourent à célébrer la victoire des Egyptiens. Des hommes d'une taille extraordinaire se tiennent par la main en faisant des danses singulières. Le sexe a aussi des attitudes plaisantes, qui font singulièrement varier le tableau.

Les Ethiopiens ont toujours aimé la danse. Sabatier rapporte que Rolan avait connu une danseuse de cette nation fort agile, quoiqu'elle se fut rompu, dans un pas forcé, le ligament suspensoire du foie.

On y voit des corps humains avec des têtes de chiens, ce qui fait penser qu'Anubis présidait à ces fêtes. Ovide et Virgile l'appellent l'*abboyeur* Anubis. Les Egyptiens nommaient ainsi la canicule. Le lever de cette étoile brillante était le signe certain du débordement du Nil. Il ne parait pas étonnant qu'on bâtit des temples en l'honnenr d'un astre dont l'apparition avertissait le peuple d'une nouvelle récolte.

Cette salle était ornée de trente-six colonnes de pierres calcaires. Le temps en a renversé quelques-unes, et les autres sont chancelantes. Ce sont les seules de tous les monumens qui soient formées d'une seule pierre.

Ce temple subira bientôt le triste sort de celui d'*Abidus*. Les vents et les débordemens continuels amoncèleront sur ses ruines le limon du Nil; le gravier des montagnes de Thèbes et les déserts affreux le déroberont aux yeux de l'univers.

DES QUATRE PETITS TEMPLES SÉCONDAIRES.

Ils se trouvent aux environs des temples principaux, et représentent des prêtres qui offrent des présens, et font des sacrifices à des Divinités.

STATUES RENVERSÉES.

Entre le *Memnonium* et *Medynet-Hhâbou* sont des portions considérables de deux statues en granit rougeâtre et roussâtre. J'en ai mesuré une qui avait neuf pieds depuis le poignet jusqu'aux trois quarts supérieurs de l'avant-bras. La main du colosse tenait une massue, avec une force si bien exprimée que les nerfs et les tendons faisaient une saillie étonnante.

On pourrait donner le nom d'Hercule à cette statue dégradée. C'est un Dieu très-ancien chez les Egyptiens. Hérodote rapporte (1) qu'il fut au nombre des douze Dieux qui sont nés dix-sept mille ans avant le règne d'Amasis.

On a trouvé, en faisant des fouilles, un superbe pavé. Il s'étend sans doute sur les deux rives du Nil. Peut-on douter qu'il n'existât de belles marches autour de ces monumens admirables?

DES DEUX STATUES ASSISES.

Ces deux colosses se trouvent devant les

---

(1) Hérodote, tom. 2, pag. 38.

statues renversées. Ils sont élevés à quatre toises de distance l'un de l'autre, et regardent le Nil. C'est d'après Homère que les Grecs l'appelèrent *Memnon*. Il a plus de quarante pieds au-dessus du niveau de la terre. Le bloc qui forme son piédestal est un exagone de quinze pieds sur chaque face. Le colosse se tient nonchalemment assis dans un fauteuil de granit, sa tête perçant les airs, sa figure dégradée, les bras appuyés contre la poitrine, les avant-bras étendus sur les cuisses, et les mains ouvertes appliquées sur ses genoux.

Les extrémités supérieures, que Cambyse avait probablement brisées, furent reconstruites avec des pierres calcaires.

Presque tous les voyageurs et les hommes célèbres se sont occupés de ce personnage gigantesque (1). Des inscriptions hiéroglyphiques, grecques et latines couvrent ses jambes et ses cuisses. J'y ai déchiffré : *Dies vox audita tristis est ad solis apparitionem.* On lit aussi distinctement : *Populus sonum audiebat ad oculos solis.* La première phrase fait sortir de la pierre une voix lugubre au lever du soleil. La seconde signifie que le peuple entendait un son lorsqu'elle était frappée par ses rayons. Pausanias attribuait cet

(1) Voyez à ce sujet Quinte-Curce, liv. 9, chap. 8, page 3.

effet merveilleux à la nature du granit. Des autorités plus distinguées pensent que *Memnon* était l'oracle à qui les prêtres faisaient rendre des sons. On le fait sortir d'Ethiopie : c'est pour cette raison qu'il fut nommé *Fils de l'Orient.* Nous savons qu'un Memnon, moins ancien que celui de Thèbes, ou Diospolis, fut tué par Achille à la guerre de Troie. M. Langlès, dans sa belle dissertation, dit qu'on doit regarder l'Egyptien comme antérieur à cette guerre fameuse. Mais de combien de siècles ? Aucun chronologiste ne le resoudra jamais, à moins qu'on ne parvienne à lire l'écriture Egyptienne et hiéroglyphique.

Ne pourrait-on pasprésumer que le véritable Memnon ne fut point celui qui nous entretient? Quel nom distingué porta donc ce Dieu Egyptien ? Etait-ce *Osimandué ?* était-ce un *Aménophys* encore plus puissant ? Sa couleur rougeâtre et le lieu qu'il occupe me mettent dans une grande incertitude. Strabon, Pockocke, Bruce et Norden tranchent sur ces difficultés, et se conforment à l'authenticité des écrits qui le caractérisent. Le Père Sicard (1) croit que Memnon ne doit point être une des statues assises. Ce qui me ferait pencher pour lui, est le *nocti color* que des écrivains lui don-

---

(1) Mémoires des Missions du Levant, tom. 7, page 161.

nent. Car *Memnonius* ou noir est absolument la même chose. Celle qui est renversée dans le *Memnonium* est de granit noir. Dans une question si difficile à résoudre, et sur laquelle les hommes les plus savans n'ont rien dit de positif, nous devrions croire plus naturel de la placer dans le temple du même nom.

Hérodote assure à ses contemporains que dans un monument de Diospolis était un lit magnifique où couchait toutes les nuits une femme choisie par l'oracle.

On sait qu'un Dieu nommé *Besa* rendait encore, sous *Constantius*, des oracles sur des billets dans le temple d'*Abidus*. Tacite rapporte qu'un des Ptolémées fit venir de Pont le Dieu *Sérapis*. M. de Fontenelle, et avant lui, Quinte-Curce et Diodore de Sicile disaient que Jupiter Hammon était porté par quatre-vingt-quatre prêtres dans unegondole d'or. Ce Dieu conduisait la foule en lui marquant, par quelques mouvemens, où il voulait aller.

Les Rois et les premiers conquérans furent aussi superstitieux que le peuple. Le salut d'un empire, la vie d'un prince, le gain d'une bataille étaient livrés entre les mains de ces Dieux mystérieux. César Auguste, l'Empereur Trajan et une multitude de Monarques aussi distingués consultèrent ces génies.

Thulis, roi d'Egypte, alla consulter l'oracle de *Serapis*; et pour n'avoir pas demandé s'il n'était jamais paru, et s'il ne paraîtrait jamais d'homme plus puissant que lui, l'oracle le fit égorger. *Neron*, mieux prévenu et moins superstitieux que le précédent, brava les pouvoirs de l'oracle, s'introduisit dans la caverne sacrée, et terrassa l'esprit divin.

Dans ces horribles sanctuaires étaient cachés les instrumens magiques des prêtres. On trouve dans *Théodonet*, que Théophile, Evêque d'Alexandrie, fit voir aux habitans de cette ville les statues creuses où les devins entraient par des sombres détours.

Du temps d'Alexandre ; les Philosophes Epicuriens tournaient en ridicule les vers qui venaient de l'oracle de Delphes. Ces censeurs voyaient bien que ces vers ne sortaient point de la bouche d'Apollon. Le plus grand coup porté sur les oracles fut dirigé par la force d'un bras tendu contre leur entière perdition. *Théodose*, ayant juré la ruine du paganisme, fit abattre le temple de Sérapis, et ferma tous ceux qui étaient encore fréquentés en Egypte.

Les cavernes profondes des rochers escarpés et les temples des déserts ont été les plus abondans en oracles. Ces lieux affreux et solitaires inspirent je ne sais quelle horreur. On croit y voir des sylpes, des salamandres et autres fantômes qui frappent l'imagination.

DE LA SECONDE STATUE ASSISE.

Cette statue, que l'on croit mère de *Memnon*, est du même volume et de la même grandeur que sa voisine. Son assise et le colosse ne forment qu'un seul bloc de granit. Ce petit rocher fut sans doute transporté dans la plaine par des hommes de la race des Titans. Les moyens méchaniques qu'on employait alors, devaient être faits par la main du génie. De quel trait le navigateur se sent frappé chaque fois qu'il passe sur le fleuve. Ces deux personnages, semblables à des êtres animés, agitent l'imagination; l'ame en est ravie, et l'homme se demande : *comment a-t-on pu les élever ?*

Toutes les statues Egyptiennes sont polies avec un soin infini. Aucun beau morceau n'était mis en place sans avoir été dégrossi. Beaucoup de Français ont vu, vers la première cataracte, un obélisque tout taillé, et prêt à être mis en place.

T H E B E S

OU LA VILLE AUX CENT PORTES.

Diodore de Sicile prétend qu'elle avait six lieues de circuit. Il n'est donc pas probable qu'il soit sorti dix mille hommes de chaque porte. Homère pouvait se dispenser de transmettre cette fable à la postérité. On

ne

ne trouve plus, à la place des portes, que des intervalles formés par des grandissimes monticules. L'exhaussement de la plaine et les coups de vent en diminuent chaque jour le volume. Ils forment un parallélogramme de trois mille toises de circonférence. Thèbes s'y trouvait renfermée, et ses faubourgs s'étendaient sur les deux rives du Nil. Les temples, les palais et les plus beaux édifices s'élevaient au-dessus de cette Cité célèbre, furent, plusieurs mille ans, le siége brillant de leurs Rois et le sanctuaire de leurs Dieux.

GROTTES A MOMIES.

Les Grottes de Sciouth ne sont qu'un diminutif de celles de Thèbes. La montagne où sont creusées celles-ci se trouve derrière le *Memnonium* et Medynet-Hhâbou. Il faut passer sous une voûte couverte de dessins variés pour arriver à la plus considérable. Les couleurs différentes qui forment les caractères hiéroglyphiques sont le rouge, l'orangé, le jaune, le vert, le bleu, l'indigo et le violet. Les anciens Egyptiens avaient déjà des connaissances très-étendues sur la combinaison et la réflexion des rayons lumineux.

Je suis entré dans la grotte avec mes compagnons de voyage, MM. Lacoste et Burel, alors capitaines de génie. Des noirs Ethiopiens nous

N

conduisaient avec des flambeaux. Plusieurs rangs de piliers taillés dans le roc, montraient de droite et de gauche des enfoncemens caverneux. Au fond du souterrain est un corridor de cent quarante pieds de long qui se termine par deux branches.

On descend dans la première par trente-six escaliers. Bientôt un bruit semblable à un tourbillon de flammes vous arrête. Il faut avancer, malgré cette magie singulière, et braver les êtres qui vont vous envelopper. Des multitudes de larges chauve-souris fondent sur vos têtes, éteignent vos feux, et brisent leurs ailes sur votre figure. Je parvins, en agitant ma lumière, sur le bord d'un puits de trente pieds de profondeur. Le fond aboutit dans une grotte différente. L'odeur de l'acide carbonique m'empêcha d'y descendre. Nous fîmes encore cinquante pas pour nous trouver devant un tombeau de granit; et nous remontâmes les trente-six escaliers.

SECONDE BRANCHE.

Un puits semblable au précédent se trouve à son entrée, et communique avec un souterrain immense. On va de ce souterrain dans un puits encore plus profond qui aboutit dans une grotte. Combien de *Santons* et de Dieux Pénates! Combien de scarabés et de pierres précieuses s'y trouvent entassés! Les momies de plusieurs mille ans y sont dans la plus parfaite intégrité, et conservent leurs traits naturels.

Le gaz azote m'incommodait. Je descendis dans un troisième puits où se trouvait un tombeau. Bientôt la respiration allait nous manquer; chacun crie au secours. Les tristes échos répètent : *au secours, au secours.* Une longue corde est passée autour de ma ceinture. Mes compagnons, distribués dans tous les souterrains, se rassemblent; chacun tire la corde à tour de rôle, et nous sommes dans un instant tous dehors.

Cette caverne affreuse est un des plus beaux monumens littéraires de Thèbes. Les parois des corridors, des puits et des tombeaux sont enrichis d'écritures Egyptienne et hiéroglyphique. Toutes les autres grottes présentent les mêmes caractères. Quelle foule d'écrivains dût-on employer pour graver, sur une montagne, tant de volumes? Ces beaux ouvrages eurent, pour nous, un langage muet. C'est-là où se trouve la plus belle bibliothèque du monde. Si jamais les savans parviennent à expliquer les alphabets symbolique et Egyptien, nous leur serons redevables de la connaissance de l'histoire des premières nations. On verra depuis quel temps et jusqu'à quel degré se sont élevés les arts et les sciences, et nous reconnaîtrons que la splendeur et la décadence des Empires se sont tour à tour succédées.

TOMBEAU DES ROIS.

Les tombeaux des Rois sont creusés dans les gorges de la Lybie. Il faut s'y rendre par le vallon qui est à la hauteur de *Gournou*. Ils sont cachés dans les rochers; forment, en entrant, une pente douce, et se terminent par un tombeau de granit. Il en est qui présentent quantité de chambres latérales avec des figures peintes de diverses couleurs.

Je n'ai trouvé que onze tombeaux bien apparens. Le septième est le plus profond et le plus étendu. On voit cinq petites chambres de chaque côté du premier corridor. J'y ai trouvé des peintures d'une fraîcheur et d'une vivacité que je n'avais pas encore remarquées.

Rien n'est plus ordinaire que de rencontrer le costume et le contour d'une élégante bergère. Taille fine, marche légère, figure rouge, teint frais, traits délicats, les yeux vifs et piquans, et la tête ronde, avec un petit chapeau très en arrière.

Les murs de la quatrième chambre sont ornés de petites tables quarrées garnies en velours, avec des chaises et sophas dans le genre européen. Le dessin date néanmoins de plus de 6000 ans.

La cinquième représente le Bœuf *Apis* couronné, et des prêtres en cerémonies religieuses.

Dans la sixième, deux musiciennes fort élégantes pincent gravement de la harpe. D'autres personnages les accompagnent avec la mendoline, et réunissent le chant à la musique instrumentale.

Des sombres détours communiquent avec un autre tombeau. Le plus petit mot qu'on articule, les tenèbres se mêlent à vos accens, et les voûtes raisonnent dans le lointain. On rencontre, dans ces dédales, des serpens différemment entrelassés. Jamais aucun ne se mord la queue, ainsi que plusieurs historiens l'ont dit, pour marquer la vicissitude du monde. Il est des barques et bâtimens chargés que les marins tirent avec de longues cordes le long du fleuve.

Un tableau particulier, observé par le médecin Pugnet, représente un Ethiopien qui se penche en arrière en décrivant un arc de cercle. Il tourne la tête dans cette attitude gênante, voit près de lui un scarabée frappé par les rayons du soleil, et reçoit dans sa bouche un jet rouge que l'animal lui envoie. L'Ethiopien, fortement en érection, éjacule de suite la même liqueur.

Les Ethiopiens ont voulu nous faire entendre

que le soleil, comme l'astre vivifiant du monde, se servit du scarabée, qui est le symbole de la métamorphose, pour former le premier homme. Ce peuple se croiait donc le premier de la terre ! On ne conçoit pas que les différentes nations tirent leur origine d'Ethiopie; mais il est extrêmement difficile de leur refuser l'invention des arts et des sciences.

Je me rappelais, au milieu de ces magnifiques ruines, les siècles anciens de ce peuple fameux. Je me peignis les grands hommes qui gravèrent sur les murs saints, les hiéroplyphes, ceux qui tracèrent les deux zodiaques de Tentyra. J'avais devant les yeux la superbe Anthéopolis et le temple d'*Abidus.* Je réfléchissais sur la gloire et la magnificence de Memphis, sur les savans de la célèbre Héliopolis, sur les peuples de Péluse et de l'ancienne Alexandrie, sur la grandeur de Babylone et l'élégance de Portici.

On ne voit plus, à Thèbes, qu'un monde désert et ravagé autour des temples, des momies desséchés dans les rochers et des animaux immondes dans les tombeau des Rois, Tant de monumens respectables sont souillés par les brigands du Mokatan et de la Lybie. Voilà le sort de ce grand empire; voilà les débris de tant de révolutions malheureuses; voilà les ravages des temps et le souvenir de tant de guerres meurtrières.

ANCIENNETÉ

DES LOIS, DES ARTS ET DES SCIENCES

DES ÉGYPTIENS.

Il n'y a que l'histoire et les monumens qui fassent connaître l'ancienneté d'une nation. On ne peut lire l'histoire qu'à travers les ténèbres. Le féroce Omar brûla la fameuse Bibliothèque d'Alexandrie; Cambise renversa tout ce qu'il put avec ses armes; et les nombreux volumes qui sont encore gravés sur les temples de Thèbes, ne donnent que quelques faibles rayons lumineux à notre intelligence. Toutes les facultés intellectuelles de l'homme se bornent à l'étonnement et à l'admiration. Voltaire donne, d'un air décisif, la palme des sciences et des arts aux Chinois et aux Chaldéens.

Voilà ses véritables expressions. Le poëte philosophe Français qui, le premier, a dit que les Egyptiens sont une nation toute nouvelle, se fonde sur une raison qui est sans réplique: c'est que l'Egypte était inondée cinq mois de l'année. Ces inondations accumulées devaient rendre le terrain fangeux, entièrement impraticable; qu'il a fallu des siècles pour dompter le Nil, pour lui creuser des canaux, pour bâtir des villes élevées vingt pieds au-dessus du sol (1).

Si Voltaire avait considéré que le débordement du Nil se fait avec lenteur et par gradation ; que le sol planiforme de l'Egypte n'exigeait pas alors, pour abreuver les campagnes les plus éloignées, des canaux extrêmement profonds ; que les Egyptiens ont fait primitivement leur demeure sous des tentes et dans les grottes immenses et innombrables du Mokatan et des monts de la Lybie ; que la submersion des terres, soit à cause de la rétraction des eaux, soit à cause des feux ardents du tropique, ne durait pas cinq mois, et que les terres produisaient sans culture : je dis sans culture, car la seule pesanteur d'un grain de blé jeté au hazard sur le limon humide, suffit encore aujourd'hui pour le pénétrer. Il ne fallait pas si long temps pour ces faciles travaux. J'admets volontiers avec lui qu'il a fallu des siècles pour élever les plus beaux monumens du monde ; encore plus de siècles pour devenir très-savans, et encore plus de siècles pour ne devenir rien du tout. Bien plus, j'avoue, à la honte des peuples qui leur succédèrent, de n'avoir pas acquis leur profondes connaissances sur différentes parties.

Savary dit (2) : toutes les fois que nous

(1) Quatrième volume des mêlanges de littérature, page 245.

(2) Savary, tom. 3, p. 61.

voyons sur nos tables le pain blanc comme la neige, le riz, les pois, les fèves et plusieurs autres légumes, nous devrions rendre des actions de graces aux Egyptiens, qui ont communiqué ces biens precieux aux Grecs, d'où ils ont passé aux Romains et ensuite aux Gaulois.

Parcourons ce dernier passage de Voltaire. « L'Egypte, dit-il (1), n'eut jamais de plus » belles statues que de la main des Grecs ». Quel historien se persuadera-t-il que les Grecs, encore plongés dans le néant lorsque Thèbes florissait, aient été demandés *ad h c.* Je n'ai vu, au commencement de la Haute-Egypte que les ruines d'Antinoë qui soient véritablement du style Grec. L'artiste du moindre goût voit sur-le-champ la distance immense qui fait différer la sculpture d'Antinoë de celle de Thèbes.

Winckelman disait avec plus de raison que les ténèbres couvraient encore les Grecs beaucoup de temps après que les obélisques de Thèbes furent élevés (2).

Divers auteurs recommandables (3) vien-

---

(1) Collection complette, tom.

(2) Tom. 1, pag. 5.

(3) Arist. probl. l. 7, c. 10, pag. 437.

Météréologie, l. 2, c. 14, pag. 548.

Diodore, l. 1, pag. 13.

Voyez l'origine des lois, des arts et des sciences, tom. 1, p. 43.

nent encore à notre appui. Les anciens Egyptiens, disaient Aristote, Diodore, sont les premiers peuples qui aient eu une forme de gouvernement réglé et politique. Nous savons aussi que c'est des Egyptiens que, par une chaîne non interrompue, les nations de l'Europe les mieux policées ont reçu les premiers principes des lois, des arts et des sciences.

Les Egyptiens se croyaient aussi anciens que le monde. Les Dieux et les Héros gouvernèrent l'Egypte dans des temps infiniment reculés. Ce peuple fut, après la théocratie, soumis à des rois (1). On ne connaît pas le premier homme qui a gouverné l'Egypte; mais on croit que trois cent trente Rois se succédèrent directement après le règne de Ménés. Le dernier de tous, appelé Mœris, s'illustra par plusieurs monumens qui portent encore son nom. Enfin les chroniques Egyptiennes donnent plus de cent mille ans à la durée de leur monarchie. On ne doit pas prendre cette dernière phrase comme très-authentique; mais il est constant que des réflexions bien méditées nous font connaître nos respectables ancêtres.

La chymie teignait déjà le verre. J'en ai trouvé des morceaux de différentes couleurs sous les ruines de Tentyra. La sculpture gra-

(1) Hérodote, tom. 2, pag. 47.

vait les pierres précieuses et façonnait le granit.

C'était probablement les prêtres qui inventèrent les hiéroglyphes, et qui s'en servirent pour leur sacrifices mystérieux. Aucune nation ne leur dérobera jamais cette science, et l'on peut dire, avec certitude, que l'écriture hiéroglyphique a été la première. Il est facile de sentir qu'il a fallu commencer pour se faire entendre, avant d'écrire, par des signes symboliques. Cet alphabet devait être d'autant plus agréable, que chaque signe exprime sa force par sa nature. Personne ne peut douter qu'un lion ne désigne la force, et que des chars chargés de flèches ne soient le signe de la guerre.

La description des monumens me dispense de parler plus au long de la méchanique. Il est trop visible que les savans des deux Thébaïdes en sont les inventeurs. Ces habiles méchaniciens étaient alors beaucoup plus avancés que ne le sont actuellement tous les peuples de la terre, et leurs temples semblent n'avoir subsisté que pour effacer la gloire des plus grands ouvrages.

On peut dire sagement que, pour travailler en astronomie, les Egyptiens étaient situés plus favorablement que les Chaldéens et les Chinois. Non-seulement le terrain le plus fertile et le ciel le plus pur secondaient leurs opérations, mais encore leur position infiniment avantageuse. Placés vers l'équateur, les révolutions des corps célestes se voiaient dans des lignes bien moins obliques qu'en Chine et en Chaldée.

Toute l'antiquité convient qu'ils ont donné les premiers une forme certaine à leur année. Ils l'avaient distribuée en douze mois, dit Hérodote, par la connaissance qu'ils avaient des astres (1).

L'auteur de l'histoire du ciel (2) croit que les Egyptiens avaient reçu, mais non inventé le zodiaque. Il fonde son opinion sur la place qu'occupe le verseau. L'hiver, dit-il, est la plus belle saison de l'Egypte. On ne peut point prendre ce raisonnement pour un axiôme ; et le signe du verseau se trouve caractérisé par la tristesse, l'obscurcissement du soleil pendant plusieurs heures du jour, et par les pluies fréquemment répétées, soit aux ports de la mer Rouge, soit à ceux de la Méditerranée. C'est encore au même temps que commencent les orages de la Haute-Egypte, et que les torrens se précipitent du haut du Mokatan et des monts de la Lybie.

Notre historien n'aurait pas prononcé avec autant de hardiesse, s'il avait fait un voyage

(1) Hérodote, l. 2, pag. 4.

(2) Tom. 1, pag. 36.

en Egypte, et qu'il eut vu passer les saisons sous les douze signes du zodiaque. Le premier signe commence à Tentyra par le *Lion*, au lieu que celui des Grecs commence par le *Taureau*. L'astronome qui voudrait trouver, dans le premier, l'ancienneté du zodiaque, se perdrait dans un labyrinthe plus obscur que ceux de Dédale et d'Ariane.

Mais un calcul différent et plus judicieux nous fera connaître les motifs qui ont pu déterminer les Egyptiens à mettre le *Lion* à la tête de leur année. On ne pouvait commencer par un plus beau signe dans le temple de Tentyra. La saison qui lui correspond était la plus naturelle. Ce peuple voulut compter ses jours dès le premier instant du débordement; et cela devient si sensible que le Nil est le premier être vivifiant de l'Egypte. Sans lui rien n'aurait existé; les terres auraient à jamais été des déserts affreux; les animaux et les végétaux seraient restés dans le néant. Or, puisque le Nil est le principe de tout, on a dû commencer le premier mois de l'année avec le premier mois du débordement. Donc le *Lion*, sous lequel passe le soleil à cette époque, est le premier signe du zodiaque. Les Egyptiens croient le Nil si ancien que l'univers. Ils pensèrent que le soleil et la lune se trouvèrent dans ces signes lors de l'organisation du globe. Ils datèrent ainsi de cette époque la naissance du monde.

M. Fourrier et les autres illustres Membres de la Commission, qui ont médité au pied des Temples qui se trouvent au-dessus de Thèbes, donneront de plus grands éclaircissemens. Nous devons tout attendre de leur génie et de leurs profondes connaissances mathématiques.

Nous pouvons hautement prononcer sur la géométrie. Quand même on ne chercherait pas la source de cette connaissance dans leurs esprits sublimes pour l'invention, le débordement immémorial du Nil les aurait forcés à imaginer les moyens de se faire des bornes en certains endroits ; la sécheresse du climat, de creuser des canaux pour arroser des terres trop éloignées, et la rétraction des eaux, de refaire la démarcation des biens que l'inondation avait détruits. Voilà quelle est l'idée des hommes les plus célèbres.

On est obligé, d'après cette vérité, d'avouer que les Egyptiens ont connu les premiers la longimétrie et la planimétrie.

La découverte de la navigation paraît justement attribuée aux Egyptiens. La nécessité de naviguer, pendant l'inondation, força ce peuple à construire des barques, et à devenir marin. Danaüs, selon Hérodote, porta, le premier, dans la Grèce, l'art de la navigation.

Sésostris partit de la mer Rouge avec une flotte de quatre cents voiles, et pénétra dans l'océan par le détroit de *Babelmandel*. Les Phéniciens, que Voltaire nous donne pour les plus anciens navigateurs, reçurent, d'après le reçit d'autres historiens, leurs premiers élémens par Sésostris. Ce monarque puissant fonda même une colonie sur la côte de Phénicie; et beaucoup de monde croit qu'il en fit autant dans la Colchide. Les chroniques Egyptiennes et les livres de Platon rendent aussi la plus grande justice aux Egyptiens. Il est important de noter les nombreux passages qui sont en leur faveur.

S'il en faut croire les plus grands savans, les Egyptiens pénétrèrent jusques dans l'Amérique septentrionale. Platon a cru que, dans les temps les plus reculés de l'antiquité, ils ont eu connaissance de l'île Atlantide, qu'il représente comme plus étendue que l'Asie et l'Europe. Voici comme s'exprime l'abbé Nicole de la Croix (1). « Manilius, astronome, parle » d'une terre à l'occident de l'Afrique et de » l'Europe, séparée de notre continent par » la mer; et où les peuples sont antipodes » par rapport au continent connu alors ». Il

(1) Géographie de l'Abbé Nicole de la Croix, tom. 2, pag. 359 et 433.

semble qu'il ne pouvait mieux désigner l'Amérique.

Depuis quelque temps, M. de Guignes, académicien, a découvert que les anciens Rois de la Chine étaient ceux de l'Egypte; et il croit qu'il est venu de ce pays une colonie à la Chine, vers l'an 1200 avant l'ère chrétienne. Quand les Espagnols prirent Cusco, qui était le séjour des Rois du Perou, ils trouvèrent le temple du soleil enveloppé de plaques d'or et enrichi de turquoises et d'émeraudes. Répugnerait-il de penser que ce peuple eût reçu sa religion des anciens Egyptiens?

L'Egypte, sans cesse au centre des eaux, soit du Nil, soit des deux mers qui l'environnent; l'Egypte qui a tout cherché avec l'avidité du plus fort égoïsme, et réussi si constamment dans toutes sortes de découvertes, pouvait-elle rester tranquille, et ne pas faire des tentatives pour connaître les peuples que les mers séparaient?

Quoique la médecine et la chirurgie ne soient point une science en Egypte, et que ni la théorie ni la pratique raisonnée n'entrent plus pour rien dans l'administration des remèdes et dans la cure des maladies, ce fut cependant cette nation qui exerça la première l'art de guérir. M. Audry rapporte, d'après

Hecquet

Hecquet (1), qu'on écrivait, en Egypte, les remèdes qui guérissaient dans un livre qu'on appellait *sacré* ; et que ce livre fut déposé dans le temple d'*Isis* pour servir de règle à ceux qui se destinaient à la médecine.

Ne voit-on pas dans ce passage, la véritable origine de cette science ? N'es-ce pas très-évidemment démontrer que leurs prédécesseurs ne leur avaient rien laissé sur cet art admirable ? Ce peuple, à cette époque, sous un gouvernement ami des sciences, excella, par la suite, dans cette partie comme dans l'astronomie et la physique. Il parut même des Génies extraordinaires. Mercure *le Trismégiste*, qu'Esculape et Hypocrate ne firent qu'imiter, savait supérieurement la métaphysique et la physique, et devint le médecin le plus célèbre. Le grand Hypocrate et les plus fameux docteurs Grecs n'avouent-ils pas que les auteurs Egyptiens leurs tracèrent le vrai chemin et la bonne logique des maladies ?

Prosper Alpin dit (1) que les Egyptiens savaient fort bien la médecine dogmatique, et qu'ils avaient un recueil de médicamens simples et composés pour toutes les maladies. On prétend même que les médecins étaient

---

(1) Brigandage de la Médecine, tom. 1, page 44.

(1) Histoire naturelle de l'Egypte, tom. 2, page 118.

tellement considérés, que les Egyptiens en faisaient leurs prêtres, et de leurs prêtres leurs rois. *Medicus non es, nolo te constituere regem* (1). Nous avons encore vu, en parlant de l'ancienneté de cette nation, que nul citoyen n'eût ensuite part à la monarchie sans connaître parfaitement l'art de la guerre. Quelle sagesse dans les lois! Quel gouvernement admirable! Quel peuple pouvait être plus heureux! Les sujets avaient pour chefs le conservateur de leur santé, l'interprète de leur Dieux et leur défenseur. Les prêtres d'*Isis* étaient, selon l'abbé Banier, d'habiles médecins. Les Grecs, qui ont, en tout, suivi pas à pas les Egyptiens, en eurent aussi dans leurs temples, qui remplirent les principales dignités. Les prêtrss de Gnide ont acquis, dans la description et le traitement des maladies, une grande célébrité. Hypocrate leur donne ce qui leur est dû. Il fut lui-même, selon le rapport des savans et de ses disciples, Grand-Prêtre de Cos. Le tableau que nous présente le temple de Tentyra pourrait me dispenser d'avoir recours à tant d'autorités. On ne doit plus douter, avec tous les monumens qui servent de base à l'ancienneté des Egyptiens, que les disputes si souvent élevées pour leur ravir les

---

(1) Oracle de Cos, pag. 18, Discours préliminaire.

honneurs des premières lumières, ne soient plus que des hypothèses.

La musique nous vient d'Egypte. Les prêtres du temple d'Abidus inventèrent sept voyelles, et donnèrent à chacune un son approchant de nos notes de musique. On dit que les Grecs puisèrent dans cette source, quand ils composèrent leur langue musicale.

Les oracles tirent leur origine de cette contrée antique. Les premiers qui parurent en Grèce et en Lybie, furent établis par deux magiciennes que les Phéniciens enlevèrent à Thèbes.

C'est de l'Egypte que sont sortis les premiers philosophes de la terre. Ce furent les Egyptiens, dit Pockocke, qui assurèrent leurs compatriotes de l'immortalité de l'ame. Des historiens plus habiles que moi, s'étendront davantage, et feront connaître plus sensiblement les erreurs innombrables qui couvraient, d'un voile très-obscur, leur ancienneté.

ETAT ACTUEL DE L'EGYPTE.

On sait que l'Egypte est aujourd'hui habitée par des Cophtes, des Arabes, des Mores, des Turcs, des Grecs, des Juifs et des Francs.

Les Cophtes sont les descendans des anciens Egyptiens; et les Arabes errans les plus anciens habitans des déserts.

On évalue à neuf cent mille ames la population de la Haute-Egypte ; à sept cent mille, celle des deux Branches de Domiette et Rosette ; à cinquante-cinq mille, l'intérieur du Delta.

On compte 40,000 du Caire à Ssaléhhieh ;
12,000 à Rosette ;
16,000 à Damiette ;
15,000 à Damanhour ;
15,000 dans Alexandrie ;
400,000 entre Boulac, le Vieux-Caire et le Grand-Caire.

Total, deux millions cent quarante-huit mille ames.

DU GOUVERNEMENT.

Le Koran est le code d'une partie des lois de l'Egypte. Les Mameluks, qui embrassaient politiquement le Mahométisme, se servaient du voile de la religion pour commettre les actes les plus arbitraires. Le Représentant de la Sublime-Porte, qu'ils consignaient dans la citadelle, leur était autant soumis que le dernier de leurs sujets.

La police veille sans cesse sur le prix des denrées et de tous les objets de première nécessité. Elle fait, de six jours en six jours, la vérification des poids et mesures. Chaque chef de ville et village taxe le pain, les œufs, le beurre, les poules, etc.

Le *Divan* (1) se trouve, à toute heure du jour, dans les marchés pour confisquer les marchandises de ceux qui sont en défaut. Il condamne quelquefois les filoux et les voleurs à mourir sous le bâton ; et punit, avec une étonnante sévérité, les enfans qui manquent de respect aux vieillards. Un simple citoyen porte devant ce tribunal ambulant une balance à la main. Les Turcs qui le rencontrent dans les rues, descendent de cheval, et ceux qui sont assis sur leurs portes, se lèvent, et restent debout jusqu'à ce qu'il ait passé. Avant l'arrivée des Français en Egypte, tous les Européens étaient obligés de se conformer à ces vils respects ; mais comme ils ne montaient que des ânes ; on les voyait aussi-tôt à terre qu'à cheval.

Les Mameluks se rendaient si rédoutables que quelques escadrons faisaient trembler tous leurs sujets. Hybrahim-Bek avait des espions qui l'instruisaient de tout ce qui se passait au Caire. Il faisait périr lâchement ses ennemis. Mourat-Bek entrait chaque jour en campagne pour fondre sur les tribus rebelles, ou pour dompter des provinces révoltées.

Bonaparte fit des efforts pour arracher cette nation à l'esclavage, et lui donner le gou-

---

(1) Corps de Juges qui rendaient justice au nom des Mameluks.

vernement démocratique ; mais il changea bientôt d'avis. La théocratie était encore trop puissante, et les Egyptiens trop ignorans.

DE LA RELIGION.

La Religion Mahométane est si dominante, qu'on ne peut professer aucune des autres sans payer un tribut considérable. Le peuple Egyptien remplit, avec un zèle admirable, ses devoirs religieux. Les villages et les hamaux les plus misérables ont leurs mosquées. On en voit au milieu des sables où les Arabes vont faire leurs prières. L'aversion que les Turcs font paraître contre les Juifs, les Chrétiens, les Protestans et les Athées, ne les empêche point d'avoir une vénération particulière pour les grands capitaines. Ils disent que Mahomet est le Dieu des Guerriers, et qu'il se sert de la main du vainqueur pour châtier les méchans. La mort ne leur présente rien d'effrayant ni d'horrible. Les peines de l'enfer ne les épouvantent pas. L'heure de leur décès se trouve marquée, dans le ciel, en lettres d'or, et la félicité les attend dans l'autre monde. Ne soyons pas étonnés si, avec des semblables appas, la plus grande partie des habitans du globe adopte cette Religion. Il faut avoir en horreur les ténèbres qui l'enveloppent ; mais elle ne reconnaît qu'un seul Dieu. Le Koran contient quantité de passages qui conviennent à ce climat. L'abstinence des viandes indigestes, des boissons spiritueuses, la fréquence des bains, les ablutions, et la coutume de se raser certains endroits du corps y sont très-salutaires.

C'est un péché chez les Mahométans de manger de la viande de cochon : Moyse l'avait déjà défendu ; ce grand législateur n'ignorait pas combien elle était contraire à la santé. J'ai été témoin des funestes maladies qu'elle produit. Plusieurs Français qui voulurent en faire usage, eurent la figure couverte d'ulcères cancereux.

Ne pensons pas que Mahomet eut fait adopter sa Religion par la force, sans les raisons qu'en donne Voltaire (1). *Nous ne prétendons point le justifier ni sur son ignorance*, ni sur ses impostures ; mais nous ne pouvons le condamner sur sa doctrine d'un seul Dieu. *Ces seules paroles de Sura 122 : Dieu est unique, éternel, il n'engendre point, il n'est point engendré, rien n'est semblable à lui ; ces paroles, dis-je*, lui ont soumis l'Orient encore plus que son épée.

DES MŒURS ET USAGES.

La mollesse orientale et la terreur qui poursuivent sans interruption les Egyptiens,

(1) Collection complette, tom. 4, page 133.

concourent également à rendre ce peuple tranquille et patient. Il est peu d'exemples qui caractérisent l'homme passionné. La pédérastie est un si doux penchant pour eux, qu'ils y tombent sans peine. Le Sultan ne rougit point de prodiguer ses présens et ses caresses au plus joli de ses Mameluks : il préfère ce jeune favori à la plus belle femme de son serrail. Chaque Bek fait un choix parmi ses soldats, et garde toujours, à sa suite, les plus intéressans. L'enfant de dix ans se marie quelquefois à une fille de huit : le sexagénaire épouse d'ordinaire une demoiselle de quinze. Le climat contribue beaucoup à rendre les deux sexes précoces. Le developpement du corps se fait avec rapidité, les menstrues paraissent à l'âge de huit ou neuf ans. Les hommes semblent vieux de bonne heure. Le sein des femmes de vingt-cinq ans est si lâche et si mou qu'il descend jusqu'au nombril.

Les Egyptiennes sont aussi froides que la glace. Le luxe l'emporte sur tous leurs plaisirs et sur toutes leurs passions. Elles se donnent plus volontiers à un riche vieillard qu'à un beau jeune homme de peu de fortune. Cela vient peut-être de ce que les Turcs ne s'en servent que pour la propagation de l'espèce.

Je n'ajoute rien aux cérémonies du mariage, d'après la description des voyageurs modernes.

On voit bien souvent des femmes alaiter un enfant à chaque mamelle. L'abbé Langlet-Dufrenoy dit dans sa géographie de l'univers, que les femmes font autant d'enfans, toutes les fois qu'elles accouchent, que les brebis portent d'agneaux. On n'y voit pas plus de jumeaux qu'en Europe; mais ce sexe cruel et barbare a trouvé des moyens efficaces pour avorter. On entend, tous les jours, des meres qui racontent leurs crimes en public. Les lois, au lieu de veiller à la propagation de l'espèce humaine, tombent dans une léthargie profonde, et laissent ces homicides impunis.

Les femmes de distinction ne sortent que pour aller au bain ou à quelque visite indispensable. Elles montent sur des ânes d'une taille étonnante, et se font accompagner par l'homme de confiance de leurs maris. Un beau manteau de soie noir les enveloppe. Leur figure est cachée sous un voile percé devant chaque œil, comme un masque.

Les demoiselles des bourgeois ne voient souvent la rue que le jour de leur mariage. Une femme mariée de Damiette m'assura qu'à l'âge de vingt-cinq ans, elle n'avait pas encore vu le Nil. Le bonheur d'une fille dépend de sa virginité. Celle qui serait indigne, le jour du mariage, d'entrer dans le temple de Vesta, ne pourrait pas vivre avec son mari, et s'attirerait la haine de ses parens.

L'habitant des campagnes livre, après la naissance, ses enfans à la nature, et les laisse tous nuds jusqu'à l'âge de cinq à six ans. Toutes les parties du corps se développent avec facilité, et tous les traits se forment par degrés, sans aucun vice de conformation.

Les Orientaux sont très-sobres. Ils se contentent de pain cuit au soleil, du maïs, de la viande de chameau, de fromage salé, de lait tourné, des dattes, des légumes, des melons, des pastèques, des cannes à sucre et différens herbages.

Les bourgeois mangent plus rarement du mouton que des œufs et des poulets. (La façon de les faire éclore dans des fours et le dessin de ses fours, avec leurs proportions, se trouvent dans nombre d'ouvrages.) Comme les doigts des Egyptiens servent de cueillers et de fourchettes, toutes leurs soupes ont de la consistance. Ils prennent, à tout moment, le café sans sucre. Les personnes de tout âge et de tout sexe fument continuellement la pipe.

Leurs divertissemens sont assez singuliers pour exciter la curiosité. Des baladins, des escamoteurs et des almé sont sans cesse occupés à rendre leur esclavage agréable. J'étais au Caire la veille du *Radaman*, le 25 nivose an 8. Les Almé et tous les musiciens de la ville s'assemblèrent dans les places publiques. Ce ne fut, tout le jour, que bals et festins. Le soir, au coucher du soleil, plusieurs coups de canon furent suivis d'un million de cris d'allégresse. On illumina d'un bout à l'autre la capitale. Chaque place publique présentait des amphithéâtres éclairés par des lampions innombrables, et garnis des plus beaux fruits de l'Egypte. Les Turcs, les Français, les Mameluks, les Cophtes, les Juifs et les Chrétiens passaient en foule dans toutes les rues. Dix mille hommes, zélés pour la Religion Mahométane, furent prendre les Chefs et le Grand-Prêtre du Caire, dans leurs maisons. Ils les accompagnèrent en pompe aux plus beaux quartiers et dans les principales mosquées. Plus de six mille torches ou flambeaux enveloppaient la multitude. Chaque Sultan avait au moins quarante bâtonniers à sa suite. L'or, la soie, les diamans et différentes pierres précieuses réfléchissaient la lumière des flambeaux. Soixante chameaux, placés de distance en distance, portaient des cymbales de vingt pieds de circonférence. Ici les musiciens Turcs faisaient raisonner leurs instrumens, plus bas la musique des Français jouait des airs guerriers.

La cavalerie Grecque et divers pelotons d'infanterie vaillaient à la sûreté publique.

La grande Mosquée fut le lieu de station et le rendez-vous de tout le peuple. Je reconnus que les Egytiens excellaient dans l'art des illuminations. Un million de lampions, différemment placés, produisaient un éclat comme le jour. Les uns représentaient des lettres et des mots Arabes, les autres, des roues illuminées qui tournaient avec une extrême rapidité. Au même instant, des fusées sans nombre percèrent les airs. Il m'est impossible de dépeindre les gestes, les grimaces et les cris qu'ils ont faits jusqu'au jour. Qu'on se représente des hommes qui se portent à tous les excès de désespoir et de joie jusqu'à ce qu'ils tombent évanouis. Ceux qui résistent plus que les autres, rédoublent d'efforts pour accélérer leur chûte. Chaque bon Musulman succombe à son tour. Mais lorsque le soleil éclaire le monde, le Rhamadan commence, et le peuple ne mange que la nuit pendant trente jours. Les gens de metriers ressemblent, à la fin du carême, à des cadavres ambulans. L'Egypte fait alors compassion. Tout le peuple, en prières, se porte dans les cimetières, et va pleurer sur les tombeaux de ses pères.

Les enterremens sont aussi ridicules. La suite funèbre est composée de prêtres et de tous les parens du défunt. Leurs femmes se rendent, par différens détours, sur sa tombe, et font des sauts, des gestes et des combats tout-à-fait extravagans. Cette coutume se conserve depuis les anciens Egyptiens. Dans les processions de Bacchus, on commençait par des cris lamantables, et l'on finissait par de grandes démonstrations de joie.

DES ARTS ET METIERS.

Le peuple se borne constamment à la même méchanique, et ne travaille que pour entretenir ses enfans. Tous les métiers sont professés sans principes. Les principales villes ont des boulangers, des charcutiers, des bouchers, des cordonniers, des tailleurs, des menuisiers, des maçons, des armuriers, des serruriers, des brodeurs, etc.

Les Cophtes vendent et fabriquent l'or et l'argent. Ils trafiquent des marchandises en drap, en gaze, en mousseline et en soie. Ils font aussi, de concert avec les Juifs, le commerce et l'agiotage. L'art de guérir est exercé par des femmes et des devins. On applique le feu au plus grand nombre des maladies. Tous leurs remèdes internes tendent à exciter la transpiration. La prédestinée les rassure sur l'avenir. Ils disent que les meilleurs médecins n'empêchent pas de mourir quand l'heure est arrivée.

Les marins ne naviguent pas beaucoup au-delà du Nil. Leur ignorance ne leur permet pas de s'écarter des rivages de la Méditerranée et de la mer Rouge.

DU COMMERCE.

Les grains abondans de l'Egyte, le sel armoniac sont échangés contre les marchandises des étrangers.

L'Arabie lui envoie, en remplacement, des parfums et du café moka ; Ispahan, différentes toiles ; les îles de Baharem, les perles ; les Indiens, des mousselines, des riches *châles* et les toiles du Bengale ; le mont Sinaï, le charbon ; les Abyssins, la poudre d'or, les dents d'éléphant et de nombreuses caravanes de noirs ; la Syrie, ses huiles, ses amendes, ses noix, ses raisins secs ; Constantinople, des sequins et des marchandises ; Venise, des draps et de l'or ; la France, de belles étoffes de soie ; l'Angleterre, la porcelaine et des belles armes.

Les couleurs du Henné, de l'indigo et les essences précieuses de l'Egypte donnent un nouvel éclat à la molesse orientale. Tant de prospérité, dans un moment de tyrannie, devrait suffire pour nous donner une idée de son ancienne magnificence.

La mousseline des marchands du Caire donnerait, à Marseille, le trente pour cent de bénéfice. Les *châles*, qui ne coûtent que cent francs à Kenné, se vendent, en Europe, vingt-cinq louis. On achète le café moka à Suez et à Cosséïr, cent vingt francs le quintal. La gomme arabique, l'indigo, les fleurs de carthame, les riz et les dattes sont des objets de commerce très-lucratifs.

Le coton ne peut guère servir que pour faire des matelas. Le sucre se consume dans les Etats Turcs. Les négocians de Farchiout le vendent huit sols la livre en pain ; mais il coûte, au Caire, plus cher qu'en France.

Celui qui ferait descendre le sucre dela haute dans la basse Egypte, gagnerait des sommes immenses. Le commerce sur cet article serait encore plus brillant, si les Fallaks n'enlevaient la moitié de la récolte en suçant les cannes du matin au soir.

DES SCIENCES.

Les despotes qui, depuis tant de siècles, se disputent l'Egypte, ont réduit le peuple dans l'ineptie la plus profonde. Des maîtres de langues apprennent aux grands du pays le turc et l'arabe. On regarde avec mépris celui qui lit tout autre livre que le Koran. Les Chefs de la religion le montrént en lettres d'or, et l'interprètent toujours à leur avantage ou à celui des Beks. Les Cophtes, qui professent le christianisme, ne connaissent plus un mot de l'écriture Egyptienne, et se bornent uniquement à l'arithmétique et au commerce.

Les artistes et les savans de France avaient déjà jeté quelques rayons lumineux parmi les habitans du Caire. Le gouvernement se proposait de les civiliser, et d'y faire ressusciter le génie. Le Général Menou établit des hôpitaux où les Français et les Turcs allaient être soignés ensemble. Il les invita à nos fêtes et au spectacle. On les fit ensuite introduire dans les atteliers de la République et dans l'imprimerie.

Des changemens funestes ne tardèrent pas à se manifester. Notre retour en Europe les rendit plus esclaves qu'auparavant ; et ces misérables Ottomans ne virent le jour que pour reconnaître leur avilissement et leur infortune.

PORTRAIT DES EGYTIENS.

Les hommes sont généralement au-dessus de la taille moyenne. Ils ont un beau buste, les membres secs, maigres et bien développés, la tête un peu sphérique, les cheveux noirs et courts, la figure grande et ovale, le teint cuivré, le front très-étroit du haut en bas, et très-alongé transversalement ; le nez légérement épâté, les yeux noirs, les oreilles d'une belle forme, la bouche bien fendue, les lèvres épaisses, les dents blanches, le menton éminent, le cou gros et bien dessiné.

S.t-Augustin jura, dans son trente-troisième Sermon, intitulé : *à ses Frères dans le désert*, avoir vu, en Ethiopie ou Haute-Egypte, des hommes et des femmes sans tête avec des grands

grands yeux sur la poitrine. Je trouve plus de folie que de sainteté dans ce singulier serment.

La couleur de la figure et de tout le corps des Egyptiens se trouve, aux environs de Thèbes, absolument cuivrée. Mais, comme la Basse-Egypte est, pour ainsi dire, une race étrangère d'hommes, un mêlange infini de toutes les nations qui l'abordent et en font la conquête, la figure, la couleur et les mœurs ont considérablement changé. Les plus belles femmes viennent du mêlange Grec et Egyptien. Leurs sang vermeil, les proportions du corps et la régularité de leurs traits, les rendent encore dignes des amans les plus passionnés.

DES MALADIES.

La transpiration arrêtée est une des causes de presque toutes les maladies. Les Ophtalmies, la Dyssenterie, la Jaunisse, etc. semblent venir directement de sa source.

Il faut attribuer le peu de maladies des Egyptiens aux saisons constantes du pays ; car ce sont les variations des saisons qui en occasionnent le plus. Pockocke a eu raison de dire que le vent du midi cause plusieurs maladies en Egypte ; mais que ceux du nord ne commencent pas plutôt à souffler qu'elles disparaissent.

DE L'OPHTALMIE.

J'adopte la division de l'ophtalmie en inflammatoire et en séreuse. Je me suis mille fois convaincu que le premier signe de l'ophtalmie inflammatoire était l'obstruction et la distension des vaisseaux de la tunique albuginée. L'œil devient rouge, et cette couleur se trouve suivie d'une irritation, d'une gêne semblable à la présence d'un insecte. La glande lacrimale sécrète une sérosité plus ou moins brûlante. Cette sérosité acrimonieuse ne peut point couler dans les points lacrimaux irrités, et, en tombant sur la cornée transparente, empêche de distinguer clairement les objets. Les ramifications sanguines et variqueuses concourent aussi à l'obscurcissement de la vue. Bientôt les paupières s'enflamment. C'est alors que la texture délicate des yeux se trouve, dans cet état maladif, d'une sensibilité étonnante. La douleur est quelquefois si violente qu'elle se propage jusques dans le cerveau. Quand on sait que la rétine reçoit la première impression de la lumière ; que le nerf optique, dont elle est une expension, communique très-intimement avec le rameau externe de la seconde branche, de la troisième paire, celle-ci avec la moëlle allongée et presque tous les muscles des yeux ; en considérant le rapport exact de toutes ces parties, on conçoit que l'éclat brillant du jour doit accroître considérablement les douleurs, donner des insomnies et des vertiges très - fréquens. Le vomissement, produit par une grande lumière, dépend quelquefois de la sensibilité extrême des nerfs ciliaires. Qui pourrait douter de la grande sympathie entre ces organes et le grand nerf intercostal ? Viennent ensuite les taies de la cornée, sonépaississement et des ulcérations qui finissent quelquefois par y faire une ouverture. Ces ulcérations attaquent aussi la conjonctive, déterminent son engorgement et le renversement des paupières. Mais, à la suite de pareils troubles et de désordres si effrayans, il survient bientôt les staphylomes, la désorganisation totale du globe de l'œil et la perte de la vue.

L'ophtalmie séreuse ne se manifeste point avec autant d'ardeur et de rapidité que la précédente. On voit dominer, à travers les vaisseaux variqueux, la partie blanche du sang. L'engorgement des paupières se fait plutôt par infiltration et par relâchement que par inflammation. Le teint du malade est très-pâle. L'état de la langue et les battemens du pouls diffèrent essentiellement de ceux de l'ophtalmie inflammatoire. Les progrès de la maladie se font avec une grande lenteur, et les accidens ne paraissent pas si redoutables.

La transpiration arrêtée est, en Egypte, une des causes principales de l'ophtalmie. Elles appartiennent quelquefois à l'embarras des premières voies, et à la suppression du dévoîment. Le sol, frappé par un soleil brûlant, fatigue la vue; les humeurs ont toujours de la tendence à se porter aux parties les plus foibles du corps.

La poussière chargée de nitre que le vent entraîne dans les yeux, les atômes nombreux qui voltigent dans l'air, et sur-tout la fraîcheur des nuits et les vapeurs humides qui, dans le débordement du Nil, sont pompées, en abondance, par le soleil, déterminent l'ophtalmie. Cette maladie est sporadique en Egypte. On en apperçoit le développement et les forts progrès à l'instant de l'inondation, et lorsque les eaux rentrent dans leur lit ; c'est-à-dire, depuis le premier fructidor jusqu'à la fin de frimaire.

Les ophtalmies compliquées de quelque vice des humeurs sont très-opiniâtres et quelquefois incurables. La plus heureuse terminaison est celle qui se fait sans accident, et en parcourant, en peu de temps, toutes ses périodes.

On guérit les inflammations légères occasionnées par le soleil et par la poussière, avec les anodins et les résolutifs. Le traitement de celle qui est très-grave, consiste à dissiper la stase inflammatoire, en détournant la trop grande quantité des humeurs qui se portent aux parties affectées. La saignée, répétée autant de fois que l'âge et la plétore le permettent ; les sangsues et les mouchetures appliquées proche l'angle externe de l'œil, un vomitif ou un purgatif fait, selon l'embarras de l'estomach ou des intestins, une heureuse révolution. Mais comme il ne réussit pas toujours, on est obligé de recourir aux emplâtres vésicatoires appliqués plus ou moins souvent derrière les oreilles, et même aux sétons. On ne doit pas insister sur ces derniers, J'ai constamment observé, dans les hôpitaux, que leur abus ne servait qu'à diminuer les forces du malade, et le jéter dans le marasme. Ce qui est aussi la cause que les humeurs se vicient, et les ophtalmies deviennent d'une opiniâtreté insurmontable. Il vaut mieux seconder les topiques que nous indiquons par des bonnes couvertures, la diète, les vapeurs d'eau chaude, les colyres anodins, les antiphlogistiques, les bains de pieds, les boissons humectantes, rafraîchissantes et les lavemens. Une fois les symptômes de l'inflammation évanouis, il se forme une suppuration louable, qui ne demande que la propreté des yeux pour guérir. Alors il se manifeste rarement de ces taies, qui sont le résultat d'une trop forte chaleur, de l'épaississement et de la condensation de la matière morbifique. Les taies se forment aux environs ou au centre de la prunelle. Elles privent plus ou moins l'organe de la vue. Nous nous sommes servis, pour les faire disparaître, d'un mêlange de poudre d'alun, de vitriol et de sucre pulvérisés et soufflés, avec un tuyeau de plume, sur la partie. Mais elles peuvent résister à ces moyens. Je me suis servi, deux fois, avec succès, de dix gouttes d'acide nitrique dans une pinte d'eau. La taie fut emportée en la lavant, de temps en temps, de ce liquide. Nous avons dit aussi que les ulcérations de la cornée transparante perçaient la prunelle. Cette perforation n'est plus le résultat de l'inflammation, mais de la qualité caustique et rongeante du pus. Hâtons-nous, dans ces circontances, d'appliquer les stiptiques, qui resserrent l'ouverture, et empêchent que la membrane de l'humeur aqueuse ne sorte très-au-dehors, et ne forme, par sa présence, un staphylome. C'est ici le cas de donner intérieurement les amers et les toniques, afin de s'opposer à la dépravation des humeurs et au trop grand relâchement de la fibre motrice. Car l'état inflammatoire est ordinairement succédé par l'atonie, et l'inflammation qui semble persister par la suite, n'est que la distension des vaisseaux capillaires. Je crois qu'il se forme des staphylomes, malgré les topiques proposés; ajoutez, lorsque cela arrive, la compression aux stiptiques. Bien souvent ces moyens n'empêchent pas au staphylome de devenir carcinomateux. Il n'en faut tenter l'extirpation que quand la tumeur a perdu toute sa sensibilité.

Le bourrelet que forme la conjonctive se trouve, dans certains individus, si saillant que le renversement des paupières a lieu. On pourrait appeler cet état hernie palpébrale. Le bourrelet seul se guérit par l'ophthalmoxe, c'est-à-dire, par des légères scarifications. La hernie palpébrale se réduit facilement. Il convient de la maintenir réduite avec un bandage, et de l'examiner au moins six fois par jour, à cause de la difficulté de faire tenir plusieurs heures consécutives toutes les pièces de l'appareil et la tendance de la hernie à se former de nouveau.

L'ophtalmie séreuse est la plus fréquente et la moins dangereuse en Egypte. Il est facile, d'après les signes énoncés, d'en faire le traitement convenable. Un vomitif et la tisane amère, lorsquelle dépend de l'embarras des premières voies, l'emportent subitement. On administre celle de tamarin pour boisson, et un purgatif, lorsqu'il y a suppression des matières fécales. On rétablit la transpiration par les moyens connus. Les colyres résolutifs, les emplâtres vésicatoires et les sétons sont très-indiqués, soit pour diminuer la surabondance de l'écoulement des humeurs, soit pour leur faire diversion. Il ne faut pas trop insister, si le sujet est faible et mou, ni sur les vomitifs, ni sur les purgatifs, ni sur les sétons. Dans les armées où le soldat fait de grandes fatigues, les puissances motrices sont bientôt dans un état de faiblesse, et les sécrétions se font mal par le trop grand relâchement des fibres. Le pouls doit être, dans ces circonstances, notre principal guide. Nous nous sommes plus souvent mépris, dans les hôpitaux, sur des semblables cas, qu'on ne pense. Ces fausses apparences de saburre ont été la cause de notre erreur, de l'affaiblissement et même de la perte de la vue de quelques individus. J'ai vu appliquer séton sur séton, donner médecine sur médecine, à des sujets d'un mois et plus de séjour dans l'hôpital, et chez lesquels la fibre était si lâche que les yeux se trouvaient toujours inondés de pus, les paupières boursoufflées, infiltrées et relâchées au point de ne pouvoir plus, par aucun moyen, revenir dans l'état naturel. Il me semble qu'il faut dans ce cas administrer intérieurement les amers et les anticeptiques. Ces médicamens réunis au colyre composé avec trente grains d'alun de roche, sur quarante-cinq de sucre rafiné, battus ensemble jusqu'à consistance de gelée. Ce remède mis sur un plumaceau de charpie bien fine, et appliqué sur l'œil, m'a constamment réussi. Les chirurgiens des corps eurent, par la suite, une si grande confiance à la vertu de ce colyre, qu'en lui ajoutant un vomitif ou un purgatif, ils guérissaient beaucoup d'ophtalmies, sous la tente. En réfléchissant sur la nature du climat d'Egyte, et sur ce que nous avons dit de la fibre motrice, on conçoit, sans peine, qu'on est beaucoup moins sujet à l'ophtalmie inflammatoire qu'à l'ophtalmie séreuse.

DE LA PESTE.

C'est une maladie indigène en Egypte ; les ports de mer de cette contrée et de Syrie en sont des foyers redoutables. Une partie de l'Armée Française succomba dans Alexandrie, Damiette, Jaffa, Acre, etc.

Nous ne connaissions pas encore la véritable cause de la Peste. Les sentimens des auteurs sont extrêmement divisés. Les uns l'attribuent à un virus si peu volatil qu'il ne peut se communiquer que par le contact, et d'autres croient que le souffle impétueux des vents le porte avec lui.

Il est certain que l'air y contribue, puisque la maladie est sporadique. Le *Khamsin*, après un débordement très-considérable, arrive tout embrâsé dans les plaines humides, combine les sels nitreux de la terre avec les substances corrompues des animaux et des végétaux. Des exhalaisons méphytiques s'élèvent dans l'atmosphère, et forment peut-être ces particules morbifiques que l'on appèle miasmes pestilentiels. J'ai, pour appui, des observations qu'on ignorait avant nous. Les Egyptiens observent, de père en fils, que la Peste ne ravage jamais le Caire et la Haute-Egypte, si ce n'est dans les inondations extraordinaires, et dans la saison du *Khamsin*. Cette vérité me fut démontrée en l'an 8. Le Nil augmenta de dix-sept coudées. Les terres de la Thébaïde supérieure et la Basse-Egypte étaient couvertes par les flots; les déserts furent inondés, et bientôt le fleuve allait communiquer avec la mer Rouge et la Méditerranée. Ce que les habitans nous avaient prédit s'effectua. La Peste prit, comme un incendie, dans l'Egypte. Le Caire, Belbéïs, Ssaléhhyeh et Suez furent ravagés. Le Delta devint une vaste tombe. Les déserts de Charquier et de la Haute-Egypte, que cette maladie terrible fuyait depuis vingt années, en furent les premiers atteints et les premières victimes. Mourat-Bek franchit les monts de la Lybie, pour éloigner de ce fléau les Mameluks, et se retira avec eux dans les Oasis ; mais ils ne purent éviter une mort qui fut affrontée dans cent combats. J'eus dès-lors quelque lueur d'une des causes de la Peste, et je vis clairement qu'elle pouvait se communiquer par le contact comme par la respiration. Son essence et sa disposition morbifiques sont difficiles à connaître ; mais on ne peut douter que le virus pestilentiel ne soit d'une nature irritante et putride. Ses effets sont quelquefois si prompts qu'ils occasionnent subitement l'entière dissolution du sang.

La Peste expire dans les froids violents ainsi que dans les excessives chaleurs. C'est pourquoi elle arrive dans les grandes crûes du Nil, où la saison est tempérée ; et qu'elle est plutôt putride (1) et nerveuse, ou pituiteuse et nerveuse qu'inflammatoire et bilieuse. On peut

(1) Je me sers de ce terme pour ne pas déranger l'ordre adopté par les meilleurs Auteurs.

la prendre plusieurs fois, malgré que le docteur Home (1) rapporte qu'elle ne vienne qu'une fois dans la vie. Elle est plus ou moins dangereuse suivant la constitution du sujet, la nature des accidens et la complication d'une autre maladie. La moindre indisposition prend le caractère de l'épidémie régnante. Le vice des humeurs, les liqueurs spiritueuses et les excès l'aggravent considérablement. Elle se présente avec des symptômes differens, ce qui me la fait distinguer en bénigne, en inflammatoire, en putride et en nerveuse.

La Peste bénigne se passe souvent sans fièvre. Les bubons l'accompagnent toujours. Ceux-ci se terminent par la résolution ou par la supuration. Elle guérit sans remède.

La Peste inflammatoire commence par un froid vif, qui est suivi d'une chaleur brûlante, mal de tête violent, étourdissement, vue trouble, pouls plein, dur et fort accéléré, insomnies et délire, figure rouge, yeux hagards, langue rude, sèche, rougeâtre et bientôt noire, urines ardentes, soif inextinguible, lassitude extrême. J'ai sur-tout observé que la présence du soleil faisait cruellement souffrir, et que les pestiférés cherchaient continuellement les lieux frais. Les bubons et les charbons se manifestent le plus souvent avec ces signes, et quel-

(1) Page 76.

quefois au milieu de la maladie. Nous devons donc regarder les bubons tantôt comme un symtôme, et tantôt comme une crise. Ils ne viennent point, ainsi que ceux de la vérole, dans les glandes des aînes et des aisselles. Je les ai toujours vus se fixer deux travers de doigt plus bas, le long des nerfs cruraux et rarement en d'autres endroits. On apperçoit aisément, dans certains sujets, le trajet que suivent les humeurs pour y arriver, et le travail de la nature. Des inégalités denses et serrées, le long de l'artère crurale ou humérale et les nerfs du même nom, se terminent par une tumeur près de l'aîne ou de l'aisselle. On voit par-là que l'humeur morbifique se traîne avec peine pour se charrier vers les glandes. Elle doit être moins pénétrante et moins active que celle des bubons vénériens. Ce qui le prouve incontestablement, c'est la lenteur avec laquelle on la voit marcher, la difficulté de la faire venir à suppuration et sa tendance au squirre. Peu de pestiférés en ont eu, sans conserver long-temps une portion de la tumeur squireuse. Ce raisonnement nous fait penser que le tissu cellulaire et les nerfs jouent le plus grand rôle, et que le bubon ne peut atteindre les glandes à cause de l'épaississement et de la condensation de l'humeur morbifique.

Les auteurs ne sont point d'accord sur le

traitement de la peste inflammatoire. Les uns conseillent les frictions d'huile d'olive, sur toute l'étendue du corps. Ce topique convient tout au plus comme préservatif. Nous l'avons abandonné, après l'avoir vainement mis en usage dans les hôpitaux. D'autres ordonnent l'aspersion d'eau froide, je l'ai encore inutilement employée. Ne croyons donc pas, ainsi que Savary (1), qu'un capitaine de bâtiment marchand se soit guéri dans les vingt-quatre heures, en s'exposant à la rosée, et en se baignant avec de l'eau de la mer. Il est encore téméraire de faire prendre les toniques avec les remèdes généraux. Sydenham (1), qui a traité, à Londres, un si grand nombre de pestiférés, a connu que le vin a disposé à la peste quantité d'individus. Je n'ai pas fait la même observation ; mais j'assure qu'il est ordinairement nuisible au commencement de la maladie. Le système des saignées trop répétées n'est pas mieux fondé. Le rapport du chirurgien du Fort Dunstar n'est point une vérité authentique. Peut-on s'imaginer que ce grand maître de l'art ait guéri tous ses malades en tirant de sang jusqu'à défaillance ? Les frictions mercurielles n'eurent pas des ré-

(1) Tom. 3, pag. 13.
(2) Pages 87 et 88.

sultats plus heureux. Voilà bien des traitemens différens qui nous embrouillaient avant de connaître l'Egypte. La peste inflammatoire demande la saignée Il est même quelquefois besoin de la réitérer, pour diminuer l'abondance du sang, adoucir son acrimonie, modérer sa forte agitation, détendre les vaisseaux, et calmer les douleurs de tête. On doit saigner quand la tumeur ne paraît pas encore. Si le bubon s'était déjà montré, la nature manquerait de force pour le faire avancer, ce qui occasionnerait une métastase très-dangereuse. Le vomitif, par son irritation, peut faire périr le malade. Il faut le rejetter entièrement, à moins que l'inflammation ne se réunisse à la surabondance de bile. Ce seul cas pourrait le demander, avec une extrême précaution.

La diète rigoureuse, les acides végétaux pour boisson, les lavemens émolliens et rafraîchissans, les émulsions avec les gouttes anodines le soir, les potions camphrées, le matin, disposent toutes les humeurs à une coction heureuse, tempèrent l'ardeur de la fièvre, et s'opposent à la putridité. On observe que ces remèdes suffisent presque toujours. Le délire demande l'application des emplâtres vésicatoires à la nuque. Ses effets sont beaucoup plus prompts et agissent plus efficacement que si on les appliquait à toute autre partie.

Le kina est, en ce moment, le remède le plus nuisible, en ce qu'il augmente la densité des principes du sang, et accélère la force et l'impétuosité de la fièvre.

On a bien souvent le bonheur, avec ces précautions et la bonne administration des remèdes indiqués, de faire disparaître les plus forts accidents. La fièvre s'appaise, et les connaissances reviennent peu à peu. Un léger purgatif, avec la crême de tartre, convient quand le malade se trouve convalescent. La convalescence des pestiférés doit être soutenue par un régime régulier et quelques bons stomachiques. Il est néanmoins des cas où la nature ne pouvant surmonter la violence de la maladie, et les médicamens devenant neutres, le malade vit tout au plus jusqu'au septième jour.

Dans la peste putride et maligne, les particules des humeurs se désunissent, ainsi qu'on le voit par les taches pourprées. La peau est extrêmement chaude : on est très-altéré, on éprouve des douleurs de tête, fréquence, inégalité et pétitesse de pouls, la langue blanchâtre, ensuite noire, vomissemens de bile, haleine et sueurs puantes, excrémens fétides, hocquet, délire, bubons, charbons et accablement extrême des forces.

Le danger n'est pas si grand avec des symptômes plus modérés ; mais si les taches pétéchiales

chiales sont beaucoup multipliées, que les convulsions soient accompagnées du froid des extrêmités, que le hocquet et le délire subsistent, ces signes sont mortels.

Ces différens symptômes ne demandent jamais la saignée. Il vaut mieux, si la bile domine, et que la fièvre ne soit point trop forte, débarrasser les premières voies par le vomissement, donner les acides minéraux pour tempérer la chaleur, et écarter la corruption On facilite aussi, par ce moyen, l'écoulement des urines. La constipation indique le besoin des lavemens.

C'est dans cette maladie que l'usage des puissans anticeptiques est indispensable. Les potions camphrées, le soir, le kina, le matin, opposent souvent une résistance invincible à la putréfaction et à la dissolution des humeurs. Un peu d'excellent vin, de temps en temps, paraît absolument nécessaire ; il seconde la nature, en lui donnant du ton. Il faut tenir le malade dans une chambre où il circule un air pur, et qui se renouvelle souvent. Si, malgré ces topiques internes, le pouls s'affoiblit, et que le délire survienne, le bubon rentre dans le corps, les pétéchies sont spacélées et produisent une métastase toujours dangereuse. Les emplâtres vésicatoires, à la nuque et à l'endroit des bubons, l'aspersion d'eau bouillante sur les pétéchies, et le quinquina, à très-forte dose, peuvent seuls produire quelque effet. La guérison termine rarement la maladie.

La peste pituiteuse et nerveuse attaque, en Egypte, le plus grand nombre d'individus. On la voit, le plus communément, après une inondation considérable. Soit que le *Khamsin*, roulant en tourbillons, contienne le miasme pestilentiel, soit que, de la combinaison des corpuscules qu'entraîne ce vent brûlant avec les vapeurs corrompues qui s'élèvent de la terre, il en résulte des particules qui donnent la peste, soit encore que l'humidité de la terre, et l'air méphytique ne fassent que développer le virus pestilentiel; la maladie n'a pas moins été occasionnée par ces différens agens.

C'est un axiôme en philosophie, que la corruption de l'un est la génération de l'autre. Cet axiôme ne se trouve pas toujours vrai, parce qu'on croyait autrefois que tous les insectes s'engendraient par corruption. Mais nous pouvons l'appliquer, en médecine, en disant que la peste n'est qu'une corruption de l'air, comme nous prouverions que les abscès viennent de la corruption des humeurs.

Cette maladie s'annonce par la terreur de l'ame, le dégoût des alimens et de la boisson, le froid assez vif, la chaleur modérée, mal de tête, étourdissement, langue blanche, pâteuse et tremblante, nausées, vomissement de matière aqueuse, pouls très-petit et fréquent, urine pâle, pétéchies, bubons, charbons, abattement des forces, le délire, les excrémens rendus sans la participation de la volonté et les fréquentes défaillances.

Le pronostic le plus funeste consiste dans l'apparition des pétéchies, l'opiniâtreté du hoquet, la lenteur considérable de la circulation, les extrémités froides, le délire, les subrésauts des tendons et la rentrée des bubons. J'ai constamment observé que le délire avec agitation était moins dangereux que le délire léthargique. La saignée de cette peste est plus à craindre que dans la putride et maligne. Les premières voies font connaître la nécessité d'un vomitif. Les épispastiques évacuent à merveille l'humeur séreuse et aqueuse. Le vin, par intervalle, agit comme tonique, et soutient une légère transpiration. La rhubarbe et le camphre opèrent presque toujours avec efficacité ; mais si la fibre est extrêmement lâche et la débilité à un degré très-avancé, le quinquina produit, par sa verru tonique et anticeptique, des changemens favorables. Les humeurs, prêtes à tomber en dissolution, reprennent leurs ressorts, les bubons viennent én suppuration ; l'escarre des charbons se trouve remplacée par une belle plaie, et la nature victorieuse se débarrasse, sur tous les points, de la matière morbifique.

Je termine l'article de la Peste par quelques mots sur les bubons, et les pétéchies. Lorsque les bubons sont très-enflammés, ce qui arrive ordinairement dans la peste inflammatoire, les cataplasmes émolliens sont très-indiqués ; mais lorsqu'ils ont de la peine à se former, que la tumeur paraît froide et manque de vigueur, les emplâtres vésicatoires paraissent les meilleurs topiques. Les charbons se présentent noirâtres, sans action. On les voit aussi communément très-enflammés. Les premiers, soit pour donner du ton, soit pour détruire les points gangrenés, ont un besoin indispensable de l'application du feu ; les autres se traitent par les calmans et les émolliens.

Les pétéchies, qui surviennent à divers points de la surface du corps, peuvent trouver leur destructeur dans l'aspersion de l'eau bouillante.

DE LA PETITE VEROLE.

Les plus savans médecins font venir cette maladie d'Egypte. Ses miasmes y paraissent très-inflammables et très-stimulans. Ils déterminent le délire et même l'inflammation des poumons. Le temps de l'éruption se termine le cinquième jour ; celui de la suppuration finit le septième. Dans certains sujets, les pustules disparaissent sans donner aucune marque de leur existence, et dans d'autres elles laissent à la peau, des traces souvent profondes. Les crises sont encore plus funestes qu'en Europe. Une partie des enfans périt par la suffocation ; et c'est pendant les mois de germinal, floréal et prairial que la mortalité fait le plus de progrès.

Les ravages étonnans de la petite vérole doivent être attribués à la natute du climat, au mauvais régime et à la mauvaise administration des remèdes.

DE LA DYSSENTERIE.

La Dyssenterie est une des maladies les plus répandues en Egypte. Elle fait, en automne, des ravages considérables. L'humidité de l'air de la nuit, les alimens de mauvaise digestion, les liqueurs spiritueuses, les fortes passions de l'ame et l'usage trop fréquent des femmes en sont les causes éloignées.

La cause interne prédisposante est un sang déjà phlogistiqué, ou, au moins, une disposition à la putréfaction et à la dissolution des humeurs.

On ne saurait agir avec trop de ménagement dans la manière de traiter cette maladie. La moindre erreur, dans l'administration des remèdes, fait périr le sujet qui en est atteint.

Plusieurs auteurs sont de l'avis d'émétiser et de purger, aux premiers symptômes Quelques-uns donnent des fréquens purgatifs dans tout le traitement ; d'autres recommandent les astringens. Mais comme, selon le sentiment des meilleurs Médecins, cette maladie est produite par une humeur caustique et rongeante que la suppression de la transpiration, ou toute autre cause fait arrêter dans la tunique des intestins, pourquoi administrer, sur le champ, des remèdes qui augmentent l'irritation et disposent à la gangrène ? La saignée dans les sujets sanguins et non épuisés, la diète sévère, les tisanes émollientes et rafraîchissantes doivent précéder, de quelques jours, soit les vomitifs, soit les purgatifs. Les fréquens purgatifs produisent des irritations continuelles qui entretiennent les tranchées, disposent au ténesme, et affaiblissent tellement le malade, que toutes les humeurs tendent à la dissolution. Les forts astringens, en arrêtant l'écoulement des excrémens, produisent la résolution du pus des intestins dans le foie et dans les poumons. On doit donc rejetter tous les remèdes irritans. Néanmoins, si l'état des premières voies demande le vomitif, et que les coliques ne s'y opposent point, on doit donner une fois le tamarin stibié, ou l'hypécacuanha, et ne pas insister d'avantage sur cette prescription. Il faut même, pour éviter les trop fortes secousses qui entraînent après elle un trop grand relâchement, faire prendre l'émétique en lavage.

Comme les intestins sont le siége principal de cette maladie, et que les matières fécales se changent en excrémens glaireux et sanguinolens, on ordonne, de temps en temps, un doux purgatif avec la crême de tartre. Ce médicament dissout, sans douleur, les humeurs rongeantes et tenaces. Les lavemens aident merveilleusement les effets des remèdes, et soulagent beaucop. Les émulsions camphrées et les potions avec les goutes anodines sont très-bien indiquées, le soir. Ces médicamens contribuent encore, sans efforts, à détacher des entrailles les matières âcres et glaireuses.

Si le flux de sang est considérable, les déjections fréquentes, l'odeur des excrémens cadavereuse, il est nécessaire d'administrer, deux fois dans la journée, un potion anticeptique, dans laquelle on met vingt-cinq goutes de *laudanum* liquide. Ces potions m'ont réussi dans les cas les plus désespérés. Le kina combat puissamment la gangrène interne. Il faut avoir la précaution, si le malade ne va pas si souvent à la selle, de ne donner qu'une potion semblable par jour, et de ne point la faire prendre sans le *laudanum*; car le but du médecin est de combattre la gangrène, de ne pas supprimer, sur le champ, le cours des matières et de calmer les parties irritées. Le contraire aurait infailliblement lieu, si les anticeptiques étaient donnés en trop grande quantité et sans mêlange des anodins, des émolliens, des mucilagineux et des lavemens. La résolution de la matière purulente serait l'effet de la constipation.

Il arrive cependant quelquefois que, malgré les plus grands soins, la résolution se fait dans le foie. La veine-porte et les épiploons semblent être les organes dont la nature se sert pour porter l'humeur âcre et irritante à ce viscère.

La veine-porte ventrale prend, dans la rate, même dans l'état de santé, un sang phlogistiqué, et le fait passer au foie. Cette veine, se trouvant obligée de faire fonction d'artère, agit avec une extrême lenteur. Lors donc que les humeurs sont altérées, et qu'elles circulent ainsi dans la masse du sang, la veine-porte traîne sans vigueur un fluide dénaturé qui s'arrête dans les dernières ramifications des vaisseaux du foie. L'humeur âcre irrite cet organe au point d'y exciter un froncement spasmodique. Alors l'inflammation survient, de toute nécessité, et elle se trouve plus ou moins considérable, selon que l'irritation est plus ou moins vive.

Il paraît vraisemblable, en voyant la grande

analogie de la bile avec la graisse, et d'après le sentiment de Haller, que les épiploons fournissent continuellement un suc graisseux pour aider à la préparation de la bile. Ils peuvent aussi, dans un état maladif, transmettre dans le foie l'humeur putride des intestins, et y former un dépôt qui suive les mêmes périodes que celles de la veine-porte. Cette veine et les épiploons peuvent même contribuer réciproquement à la métastase.

Nous n'avons pas d'exemple de dépôts guéris dans la propre substance du foie. Le Docteur Pringle ne cite qu'une guérison sur plus de mille morts. Ce cas particulier paraît d'autant plus vrai que le dépôt ne s'étendait que du bord antérieur du foie aux parois de l'abdomen, et se trouvait dans une poche qui l'empêchait de se faire jour dans le bas-ventre. On ouvrit la tumeur à temps, et le malade guérit presque sans fièvre. M. Home ne connaît pas une seule de ces maladies qui ait eu des suites heureuses. Les oracles de Cos (1) portent les mêmes pronostic : on lit sur-tout que les tumeurs, dont le siége est à l'hypocondre droit, sont mortelles. Soyons assurés que si, à ces tumeurs se joint un pouls intermittent, vermiculaire,

(1) Art. 464.

une forte oppression dans la respiration, ainsi que l'âlteration considérable des traits de la physionomie, le malade est perdu sans ressource.

La meilleure manière de traiter ces dépôts est de leur appliquer un emplâtre vésicatoire aussi-tôt qu'on les apperçoit, et de les ouvrir avant leur maturité. Nous savons maintenant par expérience, que si l'incision se fait trop tard, l'abscès s'étendra dans toute la substance du foie dans celle des poumons et des bronches. La suppuration sera intarissable, et le malade tombera dans une atrophie mortelle. Les cordiaux et les anticeptiques conviennent bien dans de semblables circonstances. Nous en avons traité, dans l'Armée d'Orient, dont l'ouverture avait été faite de bonne heure. On a eu le bonheur d'obtenir la cure des dépôts qui ne siégaient pas très-au-delà du bord antérieur du foie, c'est-à-dire, à un pouce d'étendue sur la face convexe, et dans la substance du lobe moyen.

Nous en avons même guéri dont le kiste était assez grand pour occuper une partie du bas-ventre, et contenir deux peintes de matières. Sur douze dépôts semblables traités au Caire, trois avaient été produits par les vomitifs donnés, dans la Dyssenterie, deux fois de suite, et même une seule fois. Ils se sont manifestés le jour du vomitif ou le lendemain. Considérons donc, encore une fois, combien les irritans sont dangereux.

Il est bon d'observer que, dans ces tumeurs, la nature est assez prévoyante. Elle forme une porhe assez forte afin d'empêcher la rupture l'abcès. J'en ai vu d'énormes, en ouvrant des cadavres, qui n'avaient aucune fibre brisée. Ainsi craignons moins leur rupture, que leur trop grande étendue. Les auteurs donnent si peu de lumières sur cette matière que je me me suis fait un devoir de procurer à mes confrères ce que j'ai acquis par l'observation et par l'expérience.

DES FIEVRES INTERMITTENTES ET INFLAMMATOIRES.

Il suffit de savoir la submersion des eaux du Nil pour se former l'idée des marais, connaître les maladies qui en sont les suites et la cause qui les produit. Ces fièvres sont fréquentes dans l'été, au moment de la stagnation des eaux ; mais elles ne sont pas dangereuses.

Les fièvres inflammatoires ne sont pas communes. Elles paraissent en ventose, germinal et floréal.

DES MALADIES VÉNÉRIENNES.

Mr. Bruce nous apprend qu'elles sont communes en Egypte et dans le Sennar ; mais jamais assez mauvaises, ni dans l'un ni dans l'autre sexe, pour empêcher les mariages. Il dit que les sueurs et l'abstinence suffisent pour les guérir, quelques invétérées qu'elles soient, et que le mercure n'en procure jamais la guérison. Les belles observations de cet auteur doivent, dans plusieurs cas, nous servir de guide. Le sirop de *Cuisinier* et la tisane sudorifique, dans lesquels il n'entre point de mercure, sont indiqués aux bubons et aux ulcères de la bouche et du gosier. Ce sirop, pour agir avec efficacité, demande à être préparé avec toutes les règles de l'art ; chose qu'on obtient difficilement dans les Armées. On n'emploie pas, avec le même avantage, la décotion des bois de gayac et sassafras. Ce remède seul ne guerit pas une vérole confirmée. La blennorrhagie fait cruellement souffrir. Les tempéramens bilieux entrent quelquefois dans des spasmes étonnans. Un officier supérieur eut, pendant deux ans, une atrophie générale et des douleurs atroces dans les jambes et les cuisses, à la suite d'une *chaude-pisse* repercutée. Les meilleurs anti-vénériens avaient été inutilement administrés lorsque le citoyen Boussenard, chirurgien de première classe, lui fit des chancres artificiels. Le virus vérolique fut alors appelé à l'endroit irrité. La suppuration mit un terme aux souffrances du malade, et le mercure gommeux acheva sa guérison. La blennorrhagie attaque aussi les chiens. L'écoulement et le accidens sont semblables à ceux de l'homme Ils se guérissent en léchant le membre viril avec leur langue.

On donne encore, avec avantage, le mercure gommeux et la tisane de salsepareille quand la vérole est compliquée de fissures syphilitiques. Le même traitement, réuni aux bains, convient lorsque le virus carie les os. Il est nécessaire d'administrer, avec des grandes précautions, les frictions mercurielles. Un seul gros fit saliver un de mes amis, pendant quinze jours. Les glandes salivaires s'engorgèrent ; la bouche et le gosier se couvrirent d'ulcères. L'atrophie s'empara de tous ses membres et le conduisit jusqu'aux portes de la mort. Cette irritabilité excessive dépend de la nature du climat. La même cause produit la dyssenterie. Les plus fâcheux accidens la font alors reconnaître.

L'acide nitreux, l'acide muriatique et l'acide citrique, donnés à petite dose et augmentés par gradation, furent employés, avec succès, dans les bubons et les ulcères syphilitiques. Je me servis aussi de ces médicamens comme topiques. Quelques goutes d'acide muriatique. dans un verre d'eau commune, font disparaître les exostoses. J'ai guéri, par ce moyen, un nodus considérable sur le *sternum* et un tophus au tibia. La résolution du premier s'opéra dans dix jours, et le second fut emporté dans un mois.

Je n'ai vu, en Egypte, qu'un soldat atteint de l'*éléphantiasis*. La consomption et les ulcères qui rongeaient son corps résistèrent à tous les remèdes.

Chez un autre militaire, la *syphilis* de la peau présunta des taches jaunes et brunes qui s'élevaient en boutons. Ses membres se couvrirent d'une croûte sèche, dure et cuivrée. Bientôt il survint alopécie; les traits de la figure changèrent, l'haleine et les sueurs répandaient une odeur insupportable. Voilà probablement la lèpre des anciens. Les bains chauds, les antimoniaux et tous les autres remèdes connus ne changèrent son état que pour accélérer sa mort. Nous avons observé que le vice scrofuleux et scorbutique, y compliquaient rarement les maladies vénériennes.

La vérole infecte le genre humain depuis des milliers d'années. On sait que, sous le règne de Théodose, un hermite, nommé Héron, sortit de sa cellule pour aller voir une danseuse d'Alexandrie. Il lui survint, d'abord, un chancre sur le gland, et ses parties génitales furent emportées, dans la suite, par la gangrène.

DU TÉTANOS.

On sait que le *Tétanos* se manifeste fréquemment dans les climats chauds; ce qui le fait regarder, par certains auteurs, comme endémique.

Je ne crois pas que nous ayons acquis les lumières nécessaires pour être toujours sûrs de guérir cette convulsion tonique. Les officiers de santé de l'Armée d'Orient, frappés de la mort de différens individus qui avaient subi, dans tous les degrés de la maladie, les opérations et les traitemens connus, firent, à ce sujet, plusieurs conférences cliniques.

Une piqûre d'épingle, à l'extrémité du petit doigt d'un Dragon, fit développer, par des sparmes progressifs, le *Tétanos*. Le premier jour, on appliqua les cataplasmes émolliens; l'état des premières voies demanda le vomitif; les sudorifiques et les antispasmodiques furent employés. Le lendemain la contraction des muscles masseters et crotaphites nous obligea de débrider la plaie et donner l'opium à forte dose. Bientôt le mouvement de la machoire et la déglutition n'eurent plus lieu. On fit alors la section du nerf cubital entre la tubérosité interne de l'humérus et de l'olécrâne. Le jour suivant, l'opistothonos nous décida à amputer le bras. L'opium était ordonné à un demi gros, et les accidens devenaient plus dangereux. Le quatrième jour, nous appliquâmes le cautère actuel à la plante des pieds. Alors il se manifesta un soulagement momentané. Les spasmes prirent ensuite plus d'intensité, et ce militaire mourut à l'entrée de la nuit.

J'ai vu, quelque fois, conduire le malade à la voie de guérison, et le *Tétanos* se reproduire. La rechûte est terrible. Il ne faut point douter qu'elle ne soit l'effet du contact de l'air ou de quelque cause interne.

Le citoyen Navailles, officier de santé, reçut un coup de pied de cheval au grand angle de l'œil. Le nerf nasal fut à découvert. L'apophyse montante des os maxillaires, l'os de la pomette, l'os unguis et l'os planum étaient fracturés. Le débridement de la plaie, l'extraction des esquilles, les cataplasmes émolliens, la saignée et les anti-spasmodiques le mirent dans un état de convalescence. Mais il voulut trop vîte sortir et découvrir sa plaie. Le *Tétanos* reparut avec des accidens sinistres, et la mort ne pardonna pas son imprudence.

J'ai fait, une fois, l'amputation à la suite de la déchirure du nerf tibial postérieur. Les convulsions disparurent subitement. Elles recommencèrent au moment que la plaie se cicatrisait, et le malade ne put éviter la faulx cruelle de la parque inflexible.

J'ai soigné à l'hôpital de Ssaléhhyeh, un soldat qui avait une fièvre bilieuse et vermineuse avec ptyalisme, tremblemens considérables, spasme cynique et tension de l'abdomen.

domen. Les calmans, les fomentations émollientes et les lavemens, au lieu d'opérer un changement favorable, faisaient développer l'*emprosthotonos*. Étant alors bien convaincu des causes de l'irritation, j'arrêtai les progrès des symptômes par un vomitif et une médecine mineure. Le malade rendit des vers et beaucoup de bile. Il éprouva de si bons effets de ce traitement que la médecine fut réitérée. L'opium, les vermifuges et le kina terminèrent sa guérison.

J'ai souvent trouvé, à l'ouverture des cadavres, le suc gastrique dépravé, la vésicule du foie obstruée et des vers dans les intestins. Ainsi que doit-on attendre des saignées, des sudorifiques et de l'opium, etc., si les premières voies et les intestins sont gravement affectés ? Quand on a débridé la plaie, enlevé les esquilles et appliqué les cataplasmes émolliens, que doit-on espérer de plus de la section complette du membre ? Que penser de l'emputation, si les contractions spasmodiques des muscles sont accompagnées de l'insomnie et du délire ? Je la trouve tout au plus indiquée, quand on n'a rien obtenu des remèdes internes et que le spasme n'est pas trop fort.

Elle peut aussi convenir lorsque les esquilles sont si profondes et si difficiles à extraire que l'on craint la lesion de quelque organe principal, ou la désorganisation du membre.

Le *Tétanos* offre tant de particularités qu'il demanderait un ouvrage particulier. Je m'étonne que les auteurs ne disent presque rien sur une maladie aussi funeste. Peut-être que mes observations et celles de mes confrères fourniront quelques idées lumineuses à ceux qui voudront s'en occuper. Je me suis seulement permis, dans cette édition, de raisonner, sur les maladies, comme voyageur.

DES DOULEURS.

Lorsque le vent du nord souffle avec impétuosité, il occasionne de si vives douleurs qu'il n'est souvent pas possible de se tenir sur ses jambes. Les tempéramens abondans en lymphe épaissie par quelque maladie vénérienne, en sont le plus cruellement tourmentés. La digestion se trouve souvent dérangée, et la bile se mêle avec le sang. La diète, un vomitif, la tisane nitrée et les alkalis font disparaître tous les accidents.

AUTRE MALADIE PARTICULIÈRE EN EGYPTE.

Les Egyptiens doivent à leur climat non seulement l'engourdissement et la molesse de leur corps; les hernies, le relâchement des bourses et les hydrocèles attaquent les hommes et les quadrupèdes.

Le Médecin Pugnet et moi avons vu, le 8 frimaire, an 8, à Kenné, un homme âgé de 36 ans, atteint d'une hydrocèle carcinomateuse qui avait 2 pieds 9 pouces d'étendue depuis le bord inférieur de l'anus jusqu'à la jonction des os pubis.

Son membre viril paraissait à peine, au milieu de cette masse. Le poids des bourses passait 40 livres. Le milieu du raphé était carcinomateux, la partie gauche du scrotum l'était aussi, sa face inférieure présentait un cuir très-dur. Je sentais le liquide trés-profondément, en faisant sauter le tout avec légéreté. Au sommet des bourses, la peau fut assez mince pour faire sentir, en la pressant avec les doigts, une légère infiltration des canaux déférens, et la dilatation des vaisseaux spermatiques.

Toutes choses me démontrèrent que la maladie était purement locale et permettait l'opération. Le sujet, d'un embonpoint excellent, n'éprouvait d'autre incommodité que la gêne, soit du poids, soit du volume de la tumeur. Bien plus, les fonctions se faisaient avec une grande facilité, et les intestins se soutenaient parfaitement dans le bas-ventre. J'allais opérer ce malheureux au moment où Kléber fit descendre les troupes de la Haute-Egypte au Caire.

DU CLIMAT.

Il n'est, dans aucun lieu de l'univers, de plus beau ciel qu'en Egypte. Les rayons du soleil ne sont jamais absorbés ni par d'obscurs nuages ni par les exhalaisons trop épaisses de la terre. La lune fait éternellement paraître ou ses cornes argentées ou son globe de cristal, et la voûte céleste est sans cesse illuminée par l'éclat brillant des étoiles. On ressent un froid très-vif en frimaire, nivose et pluviose. Le reste de l'année, les œufs cuisent sur le sable et les eaux du Nil sont extrêmement chaudes.

L'Europe marque mieux les signes des saisons.
Des fleurs dans le printems et les tendres gazons.
L'été, des champs dorés couronnent la nature,
Des ruisseaux transparens, la clarté la plus pure.
L'automne mille fruits, l'air tiède et tempéré
Du nectar qui séduit l'amant désespéré.
L'hiver n'est jamais fort; la blancheur des collines
Ranime les bergers des campagnes voisines.

SUITE DU CLIMAT DE L'ÉGYPTE.

Les vents du nord et nord-est soufflent tour à tour en messidor, thermidor, fructidor et vendémiaire. Ils tournent au nord, nord-ouest et ouest en brumaire, frimaire, nivose, pluviose et ventose. Ils se dirigent au sud, sud-est, sud-ouest en germinal, floréal et prairial. C'est à ces terribles instans que s'annonce le Khamsin ou vent du sud-ouest. Les hommes les plus durs et les plus robustes le supportent difficilement. Le *Lotus* d'osiris meurt au sein de Nephtys. (1) Malheur aux caravanes qui se laissent surprendre dans les déserts. Des tourbillons de feu passent sur la figure ; des monts de sable embrasé roulent autour de vous. Le soleil s'obscurcit. L'air raréfié dessèche les poumons, gangrène les plaies et développe les miasmes de la Peste. Le spectateur des villes étonné voit, en tremblant, cet horrible tableau de la nature et toute l'Egypte, en prières, invoque Mahomet.

Ces ouragans redoutables ne durent jamais plus de trois à quatre jours consécutifs. Ils meurent et se reproduisent par des signes plus ou moins sinistres. Le Thermomêtre de Réaumur monte, à cette époque, à trente-huit degrès au-dessus du terme de la glace, dans la Basse-Egypte, et à quarante degrés, à Thébes. Il va, dans les Isles de Philé et d'Eléphantine, jusqu'au cinquante-deuxième degré. Les Savans, qui visitèrent les antiqui-

(1) Je regarde Osiris comme le Nil et Nephtys comme le désert. Plutarque et d'autres auteurs se sont servis de ces expressions : Le *Lotus* est une fleur du désert qui se montre, de toutes parts, dans les grandes inondations.

tés qu'elles possédent, étaient obligés de passer la journée sous des tentes doubles, et de se jéter, à chaque instant, de l'eau sur toutes les parties du corps. Lorsque le Général Belliard fut à la première cataracte et qu'il repoussa les ennemis dans le Royaume du Sennar, beaucoup de militaires ne purent résister aux feux du Tropique.

Pline, Strabon avancent que, de leur tems, en pleine équinoxe, le centre du disque du Soleil répondait perpendiculairement au fond d'un puits de Syenne. Ce fameux puits n'existe plus. On ne s'apperçoit aujourd'hui de ce Phénomène qu'à quatorze lieues plus haut. La nature a visiblement ses révolutions ; et c'est ici le seul cas incontestable de renouveller l'hypothèse du mouvement des pôles.

Les Fleuves azurés, qui font illusion dans les déserts, trompèrent les Français les plus instruits. Tout le monde crut voir le Nil ou quelqu'une de ses ramifications. La cause de ces ondes magiques réside dans la condensation de l'air de l'atmosphère sur la surface de la terre. On conçoit, sans peine, que les sables ayant, à midi, au moins seize degrés de plus que l'air environnant, cet air, en se condensant, se colore d'azur. D'un autre côté, l'organe de la vue, trop affaibli par la réfraction du soleil, ne distingue plus les objets de fort loin. La rétine, émoussée par une aussi grande sensibilité, représente à l'ame ces rivières aëriennes, ces images azurées comme un torrent d'eau limpide. Cette vérité devient d'autant plus palpable que la vision qui se fait, se trouve toujours très-distante. Courez y dessus, les molécules condensées se laissent pénétrer, le tableau imaginaire disparaît et la crédulité, qui vous a guidé, s'évanouit.

Le climat d'Egypte est d'autant plus sec qu'il y pleut rarement. Les torrens, qui se précipitent des montagnes dans la plaine, deux ou trois fois par année, sont produits par des orages, qui, dans la Haute-Egypte, partent de la mer rouge et dans la Basse de la Méditerranée. Ces accidens arrivent surtout dans la saison la moins chaude. La grêle et le tonnerre les accompagnent presque toujours. Pline dit : *non pluit*, *non tonat*. Il a raison, quant à la ville du Caire ; mais, dans la Thébaïde supérieure, et surtout aux désers du Mokatan et de la Lybie, il y pleut, et il y tonne. Bien plus, il n'y pleut presque jamais sans tonner.

Les Oiseaux du Ciel sont généralement de proie. Chaque espèce se trouve extrêmement nombreuse. Les Faucons, les Milans, les Eperviers et les Corbeaux planent, pendant le jour, sur toutes les villes et villages. Le Chat-huant et la Chouette font entendre, dans la nuit, leur triste ramage ; la plaintive

Tourterelle gémit dans les jardins. Elle entre dans les maisons avec une confiance admirable. Les Pigeons et les Hirondelles font leur nid dans les chambres habitées, et se laissent prendre avec la main. On ne connait point les oiseaux de chant. Ils aiment mieux former leur mélodie le long des limpides ruisseaux et dans les riants vallons de l'Europe.

FIN.

TABLE
DES MATIÈRES CONTENUES
DANS CET OUVRAGE.

SECONDE PARTIE.

DESCRIPTION DE LA BASSE ET HAUTE EGYPTE.

Fin de la Table.

ERRATA.

PAge 10, ligne 5, Rade, *lisez* Port.

Page 24, ligne 23, resaisit, *lisez* ressaisit.

Page 34, ligne 23, longeur, *lisez* longueur.

Page 38, ligne 23, supprimez il se défend et,

Page 48, ligne 6, transudation, *lisez* trans-sudation.

Page 46, ligne 5, d'un poisson, *lisez* de poissons.

Pages 47 et 48, lignes 31 et 1, accasia, *lisez*, acacia.

Page 64, ligne 6, mandesiennes, *lisez* mandesienne.

Page 107, ligne 9, cent tués, *lisez* cent hommes tués.

Page 108, ligne 2, Anglaises et Turques, *lisez* Anglaise et Turque.

Page 155, ligne 3, brouyards, *lisez* brouillards.

Page 191, ligne 28, silpes, *lisez* sylphes.

Page 218, ligne 9, résolution, *lisez* transport.

Page 254, ligne 17, compliquaient, *lisez* compliquait.

Page 255, ligne 17, furent employés, *lisez* furent ensuite employés.

www.ingramcontent.com/pod-product-compliance
Ingram Content Group UK Ltd.
Pitfield, Milton Keynes, MK11 3LW, UK
UKHW031045260726
13965UKWH00006B/438